HANS-JOACHIM BIRZELE, LUTZ THIEME

SOZIALMARKETING

W0057901

Hans-Joachim Birzele, Lutz Thieme

Sozial-MARKETING

**WOCHEN
SCHAU
STUDIUM**

Bibliografische Information der Deutschen Bibliothek

Die Deutsche Bibliothek verzeichnet diese Publikation in der Deutschen Nationalbibliografie; detaillierte bibliografische Daten sind im Internet über http://dnb.ddb.de abrufbar.

©   by WOCHENSCHAU Verlag
    Schwalbach/Ts. 2007

www.wochenschau-verlag.de

Titelgestaltung: Ohl Design
Gedruckt auf chlorfreiem Papier
Gesamtherstellung: Wochenschau Verlag
ISBN 978-3-89974320-3

Inhalt

1

Einführung

Güter und Dienstleistungen mit sozialem Charakter sind aus unserer Gesellschaft nicht mehr wegzudenken. Sie prägen unseren Alltag und sind Gegenstand politischer Diskussionen. In ihnen materialisieren sich unsere Werte und Normen. Güter und Dienstleistungen mit sozialem Charakter stehen jedoch nicht außerhalb ökonomischer Prämissen.

Durch den anhaltenden Ökonomisierungsdruck seitens der öffentlichen Hand sind die Ersteller sozialer Güter und Dienstleistungen seit geraumer Zeit auf der Suche nach neuen Finanzierungsmodellen. Ein zunehmend in das Blickfeld kommender Aspekt ist dabei das professionelle Vermarkten von Sozial- und Gesundheitsdienstleistungen, das Sozialmarketing.

In diesem Buch stehen die speziellen Aspekte des Sozialmarketings im Mittelpunkt. Dazu muss das Sozialmarketing zunächst in einen allgemeinen Bezugsrahmen des Wirtschaftens gestellt werden, denn nur so sind die Ansätze eines systematischen Sozialmarketing konsequent versteh- und umsetzbar.

So werden wir im folgenden Abschnitt auf den Begriff der Sozialwirtschaft vertieft eingehen, weil hierbei das theoretische Fundament bereitet wird, auf dem Sozialmarketing basiert. Ohne ein Verständnis, was unter einem sozialen Markt und unter Sozialwirtschaft zu verstehen ist, wären darauf aufbauende Abgrenzungen des klassischen Marketing von Sozialmarketing nicht definierbar.

1.1 Die Sozialwirtschaft

Der Begriff „Sozialwirtschaft" ist heute en vogue. Über Unternehmen in diesem Wirtschaftssegment wird in der Wirtschaftspresse regelmäßig berichtet, Studiengänge an Hochschulen bereiten Studierende auf Managementaufgaben in Unternehmen der Sozialwirtschaft vor. Dabei ist „Sozialwirtschaft" ein relativ junger Begriff, dessen Aufkommen in den späten 80er Jahren des vorigen Jahrhunderts kontrovers diskutiert wurde. Gleichwohl ist der Begriff Sozialwirtschaft bis heute nicht exakt definiert. Eine definitorische Eingrenzung ist sehr schwierig, was u.a. zur Folge hat, dass bis heute praktisch keine statistische Erfassung der im Rahmen der Sozialwirtschaft erbrachten Leistungen stattfindet. So werden im Rahmen der volkswirtschaftlichen Gesamtrechnung, die durch das Statistische Bundesamt jährlich erstellt wird, keine gesonderten sozialwirtschaftlichen Kennzahlen erfasst (Zimmer/Nährlich, 2003, S. 64).

Historische Entwicklung

Die systematischen Wurzeln des Begriffes „Sozialwirtschaft" gehen auf die erstmalige Festschreibung des Staatsziels „soziale Sicherung" in den Artikeln 161 bis 167 der Weimarer Reichsverfassung zurück. Stand damals noch kein System zur Verwirklichung dieses Staatsziels zur Verfügung, wurde dieses als Konsequenz des Sozialstaatspostulats in den Artikeln 20 und 28 des Grundgesetzes in der Bundesrepublik Deutschland systematisch als duales System öffentlicher Träger und freigemeinnütziger Leistungsträger etabliert.

In den Artikeln 20 und 28 des Grundgesetzes wird die Bundesrepublik Deutschland als „demokratischer und sozialer Bundesstaat" (Bundeszentrale für politische Bildung, 1992, S. 21) verfasst, der „den Grundsätzen des republikanischen, demokratischen und sozialen Rechtsstaates" (Bundeszentrale für politische Bildung, 1992, S. 23) entspricht. Dieses Sozialstaatspostulat ist nicht näher spezifiziert, sodass die inhaltliche Ausgestaltung im Rahmen demokratischer Prozesse durch Bund, Länder und Kommunen unter Beteiligung freier Leistungsanbieter erfolgt.

Dabei verfolgt die neuere Sozialpolitik das Konzept der Freiheit des Individuums in Recht, Wirtschaft und Gesellschaft. „Soll Freiheit aller auch unter den Bedingungen modernen Wirtschaftens realisiert werden, sollen die sozialen Probleme nicht in dauerhafte Unfreiheit umschlagen, so ist hierzu weder das auf sich gestellte Individuum noch das freiwillige solidarische Engagement gesellschaftlicher Gruppen in der Lage." (Henkel, 2002, S. 79f.). Die Leistungen, die ein Sozialstaat nach den Normen des Grundgesetzes zu erbringen hat, richten sich auf die Herstellung und die Garantie der Voraussetzungen für die Realisierung persönlicher Freiheit, nicht jedoch auf die Kompensation von Risiken der Lebensführung. Der einer freiheitlichen Grundordnung verpflichtete Staat respektiert die Eigenverantwortung des Einzelnen für seine individuelle Lebensführung. Täte er das nicht, würde er die Freiheit des Einzelnen einschränken und das Individuum bevormunden. „So darf der Staat um der Freiheit willen nur die allgemeinen Voraussetzungen für die Freiheitsverwirklichung realisieren" (Henkel, 2002, S. 80).

Als zentrales Element des ordnungspolitischen Konzepts der Sozialen Marktwirtschaft hat sich das Subsidiaritätsprinzip etabliert. Dieses Prinzip, das ursprünglich aus der katholischen Soziallehre stammt und ein gesellschaftsethisches Prinzip darstellt, das auf die Entfaltung der individuellen Fähigkeiten, der Selbstbestimmung und Selbstverantwortung abstellt, besagt, dass „nur dort, wo die Möglichkeiten des Einzelnen bzw. einer kleinen Gruppe (Familie, Gemeinde) nicht ausreichen, die Aufgaben der Daseinsgestaltung zu lösen" (Gabler CD-ROM, 2001), staatliche Institutionen subsidiär eingreifen sollen. Dabei ist der Hilfe zur Selbsthilfe der Vorrang vor einer unmittelbaren Aufgabenübernahme durch den Staat zu geben. Das Subsidiaritätsprinzip ist ein zentrales Element des ordnungspolitischen Konzepts der Sozialen Marktwirtschaft.

Diese Hilfe zur Selbsthilfe in Form sozialer Leistungen kann sowohl von staatlichen Institutionen, gewinnorientierten Unternehmen als auch von Institutionen erbracht werden, die als „intermediär" bezeichnet werden können.

„Intermediär" bezeichnet dabei die Vorstellung, dass es neben staatlichem Handeln durch Bürokratie und gesetzlichen Zwängen (Staat), dem Austausch von Leistungen auf Märkten (Markt) sowie der solidarischen Bereitstellung von Leistungen (Informeller Bereich) einen Bereich des Wirtschaftens gibt, dessen Organisationsform Merkmale staatlichen Handelns, solidarischer Leistungserstellung sowie marktlicher Koordinationsmechanismen aufweist. Allerdings ist mit der Konstruktion eines „intermediären Bereichs" als Bindglied zwischen Staat, Markt und informellem Bereich keine trennscharfe Abgrenzung zwischen den einzelnen Bereichen gegeben (Abbildung 1-1).

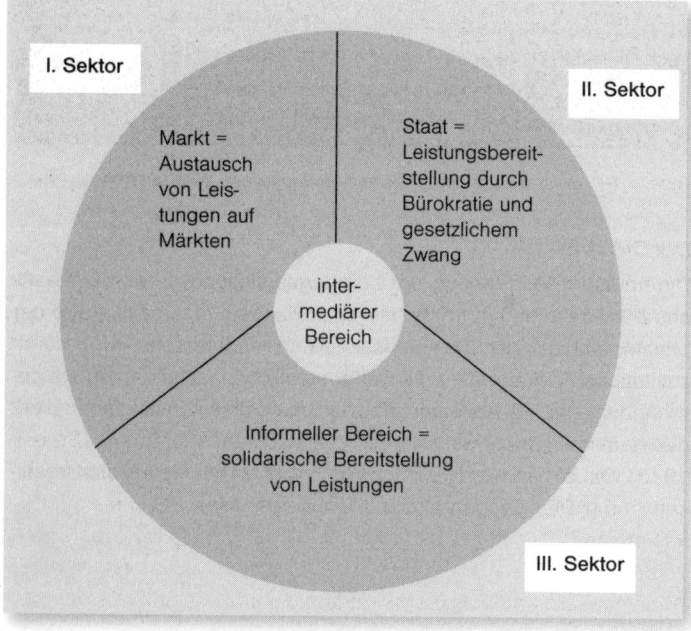

Abbildung 1-1: Intermediärer Bereich des Wirtschaftens

Der intermediäre Bereich umfasst den Bereich des Wirtschaftens, in dem die Zuordnung zu Staat, Markt oder informellem Bereich nicht mehr möglich ist.

Ein paar Beispiele sollen die oben genannten Unterscheidungen verdeutlichen:

Staatlicher Bereich des Wirtschaftens	Markt	informeller Bereich	intermediärer Bereich
Ausstellung eines Personalausweises	Herstellung von Möbeln	Nachbarschaftshilfe	offener Jugendtreff
Bereitstellung von Sozialhilfe	Kleidung	Selbsthilfegruppen	Unfallhilfe
Verwaltung kommunaler Infrastruktur	Nahrung zum Leistungsaustausch auf Märkten	Sportangebote von Vereinen	Frauenhäuser

Tabelle 1-1: Beispiele für verschiedene Bereiche des Wirtschaftens

DER DRITTE SEKTOR

Die traditionelle Trennung der Leistungserstellung durch die staatliche Bürokratie und ihrem hoheitlichen Handeln einerseits sowie der privatwirtschaftlichen Leistungserstellung andererseits wird durch Institutionen aufgehoben, die weder staatliche Institutionen noch gewinnorientiert sind. Als Sammelbezeichnung dieser Institutionen dient der Terminus „Dritter Sektor", den zuerst Etzioni gebrauchte (Etzioni, 1973). Dabei handelt es sich im Wesentlichen um Non-Profit-Organisationen (NPO). Umgangssprachlich werden als NPOs

- Vereine,
- Verbände,
- gemeinnützige Genossenschaften,
- Gewerkschaften,
- Stiftungen,
- Institutionen mit gemeinnützigkeitsadäquaten Gesellschaftsformen (z.B. gGmbH)

bezeichnet. Mitunter werden auch Kirchen und politische Parteien den NPOs zugerechnet.

Typischerweise sind NPOs auf den Gebieten,

- Kultur und Freizeit,
- Bildung und Forschungen,

- Gesundheit,
- Soziale Dienste und Hilfen,
- Umwelt- und Naturschutz,
- Entwicklung, Wohnungswesen und Beschäftigung,
- Vertretung von Bürgerinteressen,
- Stiftungs- und Spendenwesen,
- Internationale Hilfe,
- Wirtschafts- und Berufsverbände, Gewerkschaften
  tätig (Wendt, 2003, S. 25).

Als konstituierendes Merkmal von NPOs gilt die Unterordnung des Ziels der Gewinnorientierung unter andere Ziele der Institution. „Entscheidend ist, dass eventuell erzielte Gewinne nicht dazu dienen, Einkommensziele einzelner Organisationsinteressenten (Stakeholder) zu befriedigen; ggf. anfallende Gewinne werden dazu eingesetzt, Sachziele der Organisation zu realisieren" (Arnold, 2002, S. 194).

Darüber hinaus hat der „Dritte Sektor" ein besonderes Verhältnis gegenüber dem Staat entwickelt. Institutionen des „Dritten Sektors" übernehmen staatliche Aufgaben, erlangen dadurch einen öffentlichen Charakter und werden dafür vom Staat unterstützt. „Der Dritte Sektor entlastet den Staat von der Erfüllung öffentlicher Aufgaben; er übernimmt Funktionen der Kommunikation zwischen Administration und einzelnen Personengruppen; der Staat wird von Entscheidungen und ihrer Durchsetzung entlastet" (Heinemann, 2004, S. 78).

Es ist jedoch festzuhalten, dass auch das Kriterium „Sachziel der Organisation", das Profit von Non-Profit-Organisationen unterscheiden soll, eine Grauzone hinterlässt. Beispielsweise strebt die überwiegende Mehrzahl der Fußballvereine in Profiligen, organisiert als gemeinnützige Vereine oder in privatrechtlicher Rechtsform, die Maximierung des sportlichen Erfolgs an. Die Dominanz dieses Sachziels über eine Gewinnorientierung ist mitunter so weitgehend, dass die wirtschaftliche Existenz des Fußballvereins bewusst gefährdet wird. Die Kreditanstalt für Wiederaufbau (KfW) wurde ursprünglich zur Verwaltung der Marshallplan-Gelder nach dem 2. Weltkrieg gegründet und verfügt gegenwärtig über eine Bilanzsumme von mehr als 320 Milliarden €. Im Gegensatz zu anderen Kreditinstituten ist die KfW jedoch nicht der Gewinnmaximierung, sondern als Bindeglied zwischen öffentlichen Haushalten, Kapitalmarkt, Kreditwirtschaft und Investoren der Erreichung ihrer Förderziele verpflichtet. Können deshalb Fußball-Profi-Vereine oder die KfW als NPOs gelten?

1.1.2 DEFINITION SOZIALWIRTSCHAFT

Es liegt auf der Hand, dass weder NPOs noch Institutionen des „intermediären Bereichs" den Bereich der „Sozialwirtschaft" ausreichend kennzeichnen. Sozialwirtschaftliche Leistungen werden von staatlichen Institutionen, von privatwirtschaftlichen, gewinnorientierten Unternehmen und von Non-Profit-Unternehmen erbracht. Die Leistungserstellung kann über marktliche, staatliche, informelle oder intermediäre Formen erfolgen. Was macht dann aber „Sozialwirtschaft" aus? Vier Perspektiven zur Kennzeichnung von „Sozialwirtschaft" sind möglich:
(1) Perspektive der erstellten Güter (Produkte, Dienstleistungen und Ideen),
(2) Perspektive der Ersteller der Güter,
(3) Perspektive der Kunden bzw. der Nachfrager der Güter sowie
(4) einer Kombination aus (1) bis (3).

PERSPEKTIVE (1): KENNZEICHNUNG VON „SOZIALWIRTSCHAFT" UNTER DEM FOKUS DER ERSTELLTEN GÜTER:
Definitionen, die bei den erstellten Gütern ansetzen, können beim Sozialstaatspostulat des Grundgesetzes ansetzen und die Mechanismen der Erstellung und den Austausch derjenigen Güter als „Sozialwirtschaft" bezeichnen, die geeignet sind, soziale Grundrechte zu verwirklichen und sozial Benachteiligte in die Lage zu versetzen, ihre sozialen Rechte in Anspruch zu nehmen. Offensichtlich kann die Entscheidung, ob es sich um ein soziales Gut handelt oder nicht, nicht generell getroffen werden. Bezugspunkt für die Entscheidung, ob es sich bei einem bestimmten Gut um ein soziales Gut handelt oder nicht, stellt immer das Individuum mit seinen besonderen Eigenschaften dar. Das hat zur Folge, dass beispielsweise das Produkt Öffentlicher Nahverkehr für Personen, die aufgrund von Behinderungen nicht den Individualverkehr nutzen können, ein soziales Gut darstellt, während es für andere Bevölkerungsgruppen mit Zugang zum Individualverkehr nicht als soziales Gut gelten kann. Gleiches gilt für die Bereitstellung von Wohnraum.

PERSPEKTIVE (2): KENNZEICHNUNG VON „SOZIALWIRTSCHAFT" UNTER DEM FOKUS DER ERSTELLER DER GÜTER:

Lässt sich „Sozialwirtschaft" durch die Typisierung der Ersteller sozialer Güter bestimmen? Widerspruchsfrei könnte dies gelingen, wenn es eine oder mehrere typische Rechtsformen gäbe, in denen die Ersteller sozialer Güter agieren. Waren es in der Vergangenheit vor allem eingetragene Vereine, die soziale Güter bereitstellten, so agieren heute die Ersteller sozialer Leistungen in allen gesetzlich möglichen Rechtsformen. Daher greift der Versuch, „Sozialwirtschaft" über den Ersteller der Leistung zu bestimmen, zu kurz, weil kein Rechtskleid bzw. keine Organisationsform existiert, die es unmöglich macht, genuin soziale Leistungen anzubieten. Anders ausgedrückt: Allein die Rechtsform der Ersteller sagt nichts über deren sozialwirtschaftliche Güter aus. Die Versuche, „Sozialwirtschaft" erstellerorientiert zu bestimmen, führt daher meist auf die Charakterisierung sozialer Güter, und damit auf die unter (1) diskutierten Folgen zurück. Die Schwierigkeiten, „Sozialwirtschaft" durch die Charakterisierung der Ersteller zu bestimmen sowie den damit verbundenen Bezug auf soziale Güter wird beispielsweise in nachfolgender Definition deutlich: „Überwiegend werden hierunter (unter Sozialwirtschaft – d.A.) die Produzenten sozialer und gesundheitsbezogener Dienstleistungen verstanden, also die sog. Leistungsträger. Es spricht jedoch methodisch nichts dagegen, auch die Kostenträger, wie bspw. die Träger der Sozialversicherung in die Branche ‚Sozialwirtschaft' mit einzubeziehen" (Zimmer/Nährlich, 2003, S. 65).

PERSPEKTIVE (3): KENNZEICHNUNG VON „SOZIALWIRTSCHAFT" UNTER DEM FOKUS DER NACHFRAGER:

Den Kunden bzw. den Nachfrager als Ausgangspunkt einer Definition von „Sozialwirtschaft" zu wählen, führt nur dann zum Ziel, wenn Personen oder Personengruppen bestimmt werden können, die ausschließlich soziale Güter bzw. überhaupt keine sozialen Güter verbrauchen. Weil sich solche Personen bzw. Personengruppen nicht isolieren lassen, führen nachfragerorientierte Definitionsansätze ebenfalls wieder auf die Ebene der erstellten Güter und damit zum Ansatz 1 zurück.

PERSPEKTIVE (4): KENNZEICHNUNG VON „SOZIALWIRTSCHAFT" DURCH DIE KOMBINATION INSTITUTIONELLER UND FUNKTIONALER BESTIMMUNGEN:

Wendt schlägt folgende Definition von „Sozialwirtschaft" vor: „Der Begriff Sozialwirtschaft wird verwandt, um einen Bereich des Wirtschaftens zu bezeichnen, der (institutionell) die Organisationen, Dienste, Einrichtungen und anderen Unternehmen umfasst, die zu sozialen Zwecken betrieben werden und das Ziel haben, mit ihrer Leistungserstellung das Wohlergehen von Menschen einzeln und gemeinsam zu fördern oder zu ermöglichen. Zugleich ist mit Sozialwirtschaft (funktional) die Art und Weise der Betätigung in diesem Bereich gemeint. Sie gründet sich auf Solidarität. Wirtschaften wird hier als Prozess verstanden: personen- und gemeinschaftsbezogen, nicht gewinn-, sondern bedarfsorientiert, gemeinschaftlich und demokratisch betrieben" (Wendt, 2003, S. 13).

Wie aus der Definition von Wendt ersichtlich, führt auch die Kombination mehrerer Aspekte aus den oben beschriebenen Schwierigkeiten nicht hinaus. Letztlich konstituiert sich der Inhalt des Begriffes Sozialwirtschaft auf der Grundlage eines zeitlich befristeten gesellschaftlichen Konsenses, welche Güter zu welchem Zweck sozial benachteiligten Personen oder Personengruppen bereitgestellt werden müssen, um deren gesellschaftliche Teilhabe zu unterstützen. Diese Güter werden dann als soziale Güter bezeichnet, da mit ihnen soziale Zwecke verfolgt werden. Die Erstellung dieser Güter kann unter dem Begriff „Sozialwirtschaft" subsumiert werden.

1.2 SOZIALE GÜTER

Was sind also in Anlehnung an das Grundgesetz „soziale Güter", die von der Sozialwirtschaft bereitgestellt werden? Folgende Abbildung soll helfen, unsere Festelegung der Begrifflichkeiten nachzuvollziehen.

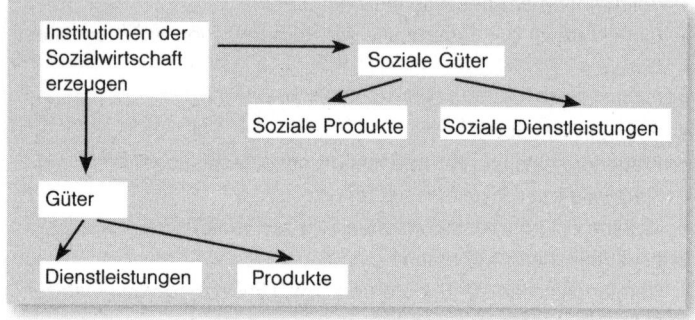

Abbildung 1-2: Von der Sozialwirtschaft bereitgestellte Güter

Unter sozialen Gütern verstehen wir sämtliche Produkte oder Dienstleistungen, die aufgrund eines sozialen Hintergrundes erstellt bzw. verrichtet werden.

Das Sozialstaatspostulat des Grundgesetzes verpflichtet die Bundesrepublik Deutschland, dazu beizutragen, dass jeder Staatsbürger die im Grundgesetz verbrieften Grundrechte, wie beispielsweise das Recht auf Menschenwürde, Handlungsfreiheit, Gleichheit vor dem Gesetz, Glaubensfreiheit, Meinungsfreiheit, Versammlungs- und Vereinigungsfreiheit, Freizügigkeit, unabhängig verwirklichen kann. Sind Personen oder Personengruppen von der Wahrnehmung der Grundrechte ausgeschlossen bzw. bei deren Wahrnehmung benachteiligt, wirkt der Staat auf eine Kompensation dieses Nachteils hin. „Keine Gruppe soll es aufgrund ihrer wirtschaftlichen oder gesellschaftlichen Situation so schlecht gehen, dass sie dauerhaft und gänzlich außerhalb der typischen Lebensweise der modernen Gesellschaft stehen muss" (Henkel, 2002, S. 83). Güter, die diesem Nachteilsausgleich dienen und die Teilhabe am gesellschaftlichen Leben sichern, können unabhängig von ihrer konkreten Ausprägung als Produkte oder Dienstleistungen als „soziale Güter" bezeichnet werden.

Soziale Güter in diesem Sinne stellen beispielsweise bereit:
- Ärzte und Krankenhäuser zur Wiederherstellung eines angemessenen Gesundheitszustandes,
- Pflegedienste zur Versorgung pflegebedürftiger Menschen,
- Einrichtungen für Menschen mit Behinderungen zur Förderung der Teilhabe am gesellschaftlichen Leben,
- Einrichtungen der Jugendhilfe zur Kompensation erzieherischer Defizite,
- Öffentlicher Nahverkehr für mobilitätseingeschränkte Personen,
- Selbsthilfegruppen,
- Frauenprojekte, zur Kompensation geschlechtsspezifischer Nachteile oder Problemsituationen,
- Vereine mit kompensatorischen, wie z.B. motorischen oder erzieherischen Angeboten,
- Beratungsstellen zur Erläuterung bzw. Umsetzung von Gesetzen (z.B. Schuldnerberatungsstellen),
- Unternehmen, die Prothesen, Gehhilfen oder andere Hilfsmittel herstellen,
- Sportvereine mit kompensatorischen oder präventiven Angeboten,
- Lotterien, deren Erlöse kompensatorischen Maßnahmen zu Gute kommen,
- Nachhilfeunterricht,
- Kommunen, die Sozialhilfe auszahlen,
- Kommunen, die Wohnraum für einkommensschwache Menschen bereitstellen,
- Kindertagesstätten, die die Entwicklung der Kinder fördern.

Obwohl nicht unmittelbar aus dem Grundgesetz ableitbar, bezieht sich der Begriff „soziale Güter" ebenfalls auf
- die Entwicklungshilfe,
- den fairer Handel und
- den Umweltschutz,

weil damit auch grenzüberschreitend nachteilsausgleichende Wirkungen erzielt werden können.

Unsere bisherigen Überlegungen zu sozialen Gütern erfolgten stets aus einer anthropozentrischen Perspektive. Bei der Einordnung des

Tierschutzes als „soziales Gut" wird diese Perspektive aufgegeben. Trotzdem stellt für uns Tierschutz ebenfalls ein soziales Gut dar, weil die Verantwortung für die Sicherung der Teilhabe am gesellschaftlichen Leben und der möglichst umfassende Nachteilsausgleich für Menschen bei Missachtung von Umwelt- und Tierschutz einem Nachteilsausgleich zulasten unserer Mitwelt gleichkäme und damit einen großen Teil seiner Legitimität einbüßen würde.

Die konkrete Ausgestaltung der bisher erläuterten vier Kernbereiche sozialer Güter, nämlich die

- Sicherung der Teilhabe am gesellschaftlichen Leben,
- der Nachteilsausgleich,
- der Umweltschutz und
- der Tierschutz

erfolgt immer innerhalb gesellschaftlicher Aushandlungsprozesse, in denen bestimmt wird, für welche konkreten Güter welche öffentlichen und privaten Ressourcen in konkreten gesellschaftlichen Situationen bereitgestellt werden. Innerhalb dieses gesellschaftlichen Aushandlungsprozesses sind Ideen, die den Ausgleich sich neu entwickelnder Problemlagen einfordern bzw. darauf hinwirken, drohende Problemlagen nicht aufkommen zu lassen, und einen gesellschaftlichen Konsens zu dieser konkreten Problemlage herstellen wollen, von großer Bedeutung. So hat sich beispielsweise die Idee der AIDS-Hilfe gesellschaftlich etabliert. Die Frühförderung von Kindern zur Verhinderung pädagogischer oder intellektueller Probleme im späteren Lebensverlauf scheint derzeit auf dem Weg zum gesellschaftlichen Konsens zu sein. Weitere Beispiele sind Nichtraucher- und Anti-Alkohol-Kampagnen, die bereits zur Einschränkung von Tabak- und Alkoholwerbung geführt haben. Neue gesellschaftliche Entwicklungen, wie beispielsweise die Zunahme von allein lebenden Menschen, die demographische Entwicklung und die Migration in die Wirtschaftszentren können bei Einzelpersonen oder Gruppen zum Verlust der Teilhabe am gesellschaftlichen Leben führen. Soziale Ideen sind zu entwickeln, um die Teilhabe der betroffenen Personen zu sichern. Diese Ideen, aus denen soziale Produkte und Dienstleistungen erwachsen können, wollen wir ebenfalls als „soziale Güter" bezeichnen, da sie eine Mittlerfunktion zwischen der Gesellschaft und der Ausgestaltung sozialer Güter einnehmen (Abbildung 1-3).

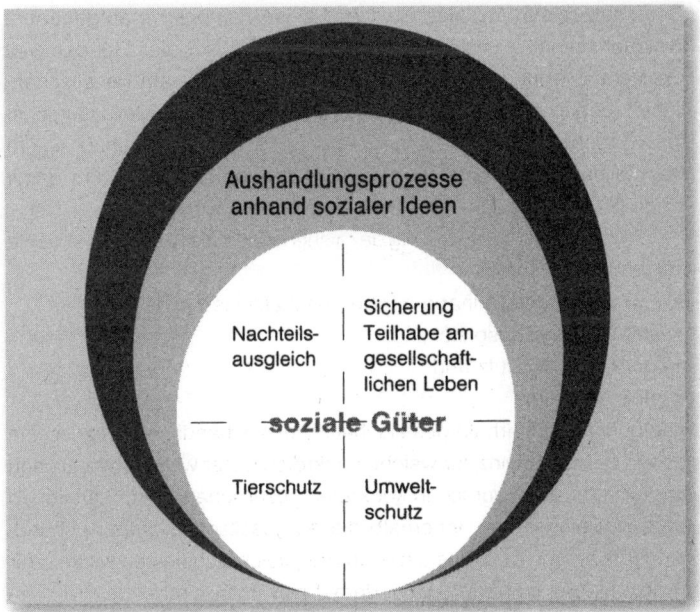

Abbildung 1-3: Klassifikation sozialer Güter

1.3 BESONDERHEITEN SOZIALER GÜTER

1.3.1. SOZIALE GÜTER ALS DIENSTLEISTUNGEN

In den vorangegangenen Ausführungen wurde bereits an der einen oder anderen Stelle zwischen Produkten und Dienstleistungen unterschieden. „Als Dienstleistung bezeichnen wir eine immaterielle Aktivität, die ein Partner einem anderen Partner gewähren kann, und die keine Übertragung von Eigentum an irgendeiner Sache zur Folge hat" (Kotler et al., 2003, S. 730).

Die vormals strikte Trennung zwischen Produkt und Dienstleistung ist heute einem Verständnis gewichen, das Produkte und Dienstleistungen als zwei Pole eines Kontinuums begreift, zwischen denen in Bezug auf konkrete Güter der materiell austauschbare Nutzen sowie der immateriell unverwechselbare Nutzen in verschiedenen Anteilen auftritt (Abbildung 1-4).

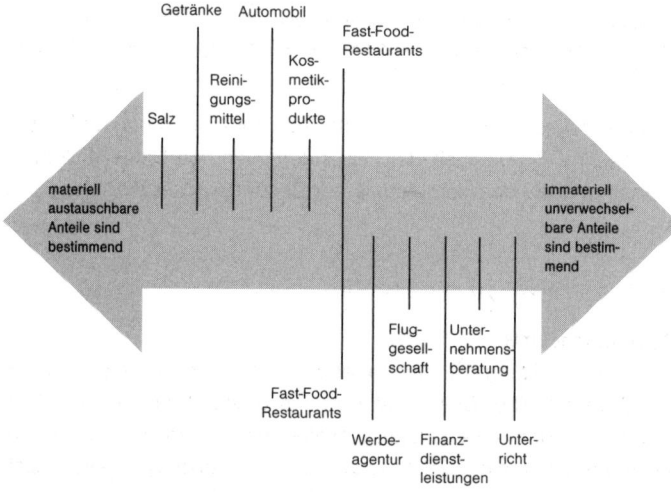

Abbildung 1-4: Das Produkt-Dienstleistungskontinuum (Kotler et al., 2003, S. 730)

Überträgt man obige Abbildung in den Bereich der sozialen Güter oder Dienstleistungen, kann man folgendes Kontinuum ableiten:

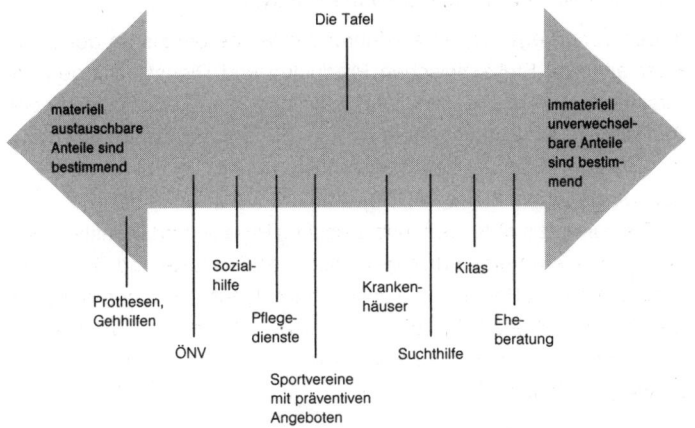

Abbildung 1-5: Das Produkt-Dienstleistungskontinuum bei sozialen Gütern bzw. Dienstleistungen (eigene Abbildung in Anlehnung an Kotler et al., 2003, S. 730)

Gerade soziale Güter haben sehr oft einen hohen immateriellen Anteil, sodass eine Betrachtung der Besonderheiten von Dienstleistungen unabdingbar für das Verständnis der Besonderheiten sozialer Güter ist.

Dienstleistungen unterscheiden sich von Produkten durch folgende sieben Merkmale (vgl. Meffert/Bruhn, 2003; Pepels, 1995):

(1) IMMATERIALITÄT
Eine Dienstleistung ist nicht materiell, also nicht direkt greifbar. Das Ergebnis einer Dienstleistung kann greifbar sein, ist aber kein Produkt, sondern eine Leistung. Diese Leistung kann zum Beispiel die Veränderung eines Zustandes sein. Dienstleistungen lassen sich im Regelfall nicht transportieren oder übertragen. Sie werden direkt am Ort der Erstellung konsumiert, wie z.B. Beratungsleistungen für Schuldner oder Ehepaare.

(2) FEHLENDE LAGERBARKEIT

Dienstleistungen lassen sich nicht vorproduzieren und lagern, da sie im Regelfall im Moment der Erstellung konsumiert werden. Wenn als Ergebnis einer Dienstleistung ein Produkt entsteht, dann ist dieses Produkt lagerfähig, nicht jedoch die Leistung als solche. Dadurch ergibt es sich auch, dass das Potenzial zur Erstellung der Dienstleistung vorgehalten werden muss, auch wenn zeitweise kein Konsument die Dienstleistung nachfragt. Muss ein Arzt zum Beispiel auf Patienten warten, so kostet ihn diese Wartezeit Geld, weil er seine Dienstleistungsbereitschaft ständig aufrechterhalten muss.

(3) INTEGRATION DES EXTERNEN FAKTORS: EINBEZIEHUNG DES KUNDEN IN DIE LEISTUNGSERSTELLUNG

Im Unterschied zum Konsumenten eines Produktes wird der Konsument einer Dienstleistung („externer Faktor") in die Erstellung der Leistung aktiv oder passiv einbezogen. Eine aktive Integration des externen Faktors ist zum Beispiel in der Beratung gegeben. In einer Suchttherapie ist die aktive Mitarbeit des zu Therapierenden unerlässlich für den Erfolg der Therapie. Eine passive Integration des externen Faktors ergibt sich zum Beispiel in der Essensversorgung in einem Altenheim. Die Bewohner sind an der Erstellung der Dienstleistung Essensversorgung nur insofern beteiligt, als dass sie das Essen konsumieren. Das Ergebnis der Dienstleistung ist somit je nach Grad der Integration des externen Faktors mehr oder weniger stark abhängig von der Zusammenarbeit zwischen Konsument und Leistungsersteller. Hieraus ergibt sich, dass der Ersteller der Dienstleistung den Erstellungsprozess nur unvollständig steuern kann, da sich der Kunde in den Erstellungsprozess einbringen muss.

(4) SCHWIERIGE MESSBARKEIT VON QUALITÄT

Durch den Einbezug des externen Faktors in den Erstellungsprozess der Dienstleistung hängt auch die Qualität einer Dienstleistung vom Zusammenspiel zwischen Ersteller und Konsument ab. Zudem ist im Dienstleistungsbereich nicht eindeutig festlegbar, wodurch sich Qualität definiert. Da jeder Konsument eigene Präferenzen in Bezug auf das Ergebnis einer Dienstleistung hat, ist eine einheitliche Definition nicht möglich. Ein Hinweis auf die Qualität der erbrachten Leistung ist die Kundenzufriedenheit.

(5) INDIVIDUALITÄT DER LEISTUNG

Wie bereits erwähnt, wird eine Dienstleistung für jeden Konsumenten individuell erstellt, und zwar jedes Mal, wenn er diese Leistung beansprucht. Zusätzlich werden im Regelfall die Präferenzen des Konsumenten in die Leistung einbezogen. Prinzipiell ist jedoch eine Standardisierung von Dienstleistungen möglich und aufgrund ökonomischer Zwänge nötig.

(6) UNO-ACTU-PRINZIP

Der Zeitpunkt der Erstellung und des Konsums einer Dienstleistung fallen zeitlich zusammen. Die Leistung wird im Moment der Erstellung bereits konsumiert. Wenn beispielsweise ein Altenpfleger einen Patienten wäscht, so wird diese Leistung im selben Moment konsumiert, in dem sie erstellt wird. Das Ergebnis ist in diesem Fall die Veränderung des Zustandes des Gepflegten.

(7) STANDORTGEBUNDENHEIT

Werden Dienstleistungen an Personen oder Sachgütern erbracht, so müssen sie im Regelfall am Standort des Empfängers (Person oder Sachgut) erstellt werden. Sie sind somit auch nicht transportfähig.

1.3.2 DREI PHASEN-AUFFASSUNG VON DIENSTLEISTUNGEN

Dienstleistungen können in drei Phasen bzw. in drei Orientierungen unterteilt werden (vgl. Meffert/Bruhn, 2003, S. 30):

(1) Potenzialorientierung: Unter der Potenzialorientierung einer Dienstleistung versteht man die (potenzielle) Bereitstellung und/oder den Einsatz der Leistungsfähigkeit eines Anbieters.

(2) Prozessorientierung: Hierbei wird der Dienstleistungserstellungsprozess betrachtet, bei dem interne und externe Faktoren, die zur Erstellung der Dienstleistung benötigt werden, kombiniert werden.

(3) Ergebnisorientierung: Hierbei wird davon ausgegangen, dass das Hauptmerkmal einer Dienstleistung das Ergebnis, z.B. die Nutzen stiftende Wirkung der Dienstleistung, von Bedeutung ist. Bei dieser Betrachtung wäre es weniger interessant, wie der Erstellungsprozess vonstatten ging (Prozessorientierung) oder welche potenziellen anderen Möglichkeiten (Potenzialorientierung des Anbieters) es noch gäbe, um das Ergebnis zu erlangen.

Insbesondere die Potenzialorientierung verweist auf eine weitere Besonderheit von Dienstleistungen. Um eine Dienstleistung erstellen zu können, bedarf es zunächst der Kombination spezifischer materieller und immaterieller Güter, um bei Nachfrage der konkreten Dienstleistung diese bereitstellen zu können. Diese Kombination von Gütern vor der eigentlichen Erstellung der Dienstleistung wird als Vorkombination bezeichnet. „Bei der Vorkombination wird das notwendige Leistungspotenzial erstellt, verstanden als die Fähigkeit und Bereitschaft zur Erbringung einer Dienstleistung" (Knorr/Scheibe-Jaeger, 2002, S. 155).

So bedarf es beispielsweise zur Dienstleistung „Beratung von Familien bei Erziehungsproblemen" einer Vorkombination u.a. der Faktoren

– geschultes Personal
– geeignete Räumlichkeiten
– gesammeltes Erfahrungswissen
– rechtliche Einflussmöglichkeiten
– Verbindungen zu anderen Institutionen

zur Einrichtung „Familienberatungsstelle", um betroffenen Familien wirksame Hilfe anbieten zu können.

Um die diskriminierende Bezeichnung „Behinderte" zu thematisieren und den Begriff „Menschen mit Behinderung" im gesellschaftlichen Diskurs durchzusetzen und damit eine Dienstleistung für die Gesellschaft im Allgemeinen, vor allem aber für die betroffene Personengruppe zu erbringen, bedurfte es starker Interessenvertretungen der behinderten Menschen auf allen Ebenen unserer Gesellschaft sowie funktionierender Abstimmungsprozesse zwischen diesen Interessenvertretungen. Auch hier kann man von einer „Vorkombination" sprechen.

1.3.3 Weitere Merkmale sozialer Güter

Soziale Güter können neben den mit Dienstleistungen verbundenen Eigenschaften weitere Besonderheiten aufweisen. So können soziale Güter zum einen wie jedes andere Gut auch vom Verbraucher nachgefragt werden (z.B. Leistungen des Arztes oder des Krankenhauses) (Pull), zum anderen kann es aber auch im gesellschaftlichen Interesse liegen, bestimmten Personen oder Personengruppen soziale Güter zur Verfügung zu stellen (z.B. Leistungen der Jugendhilfe) und den Verbrauch dieser sozialen Güter zu überwachen und bei Nichtverbrauch sogar zu sanktionieren (Push). Gerade die sozialen Leistungen, deren Verbrauch überwacht und sanktioniert wird (z.B. Heimunterbringung von Minderjährigen), sind in besonderem Maß an gesetzliche Regelungen gebunden, die sehr stark auf die Erstellung der Leistung Einfluss nehmen und diese letztlich definieren. Wer ist in einem solchen Fall der Kunde der Institution, die die Dienstleistung erstellt? Ist es der Staat, der durch einen gesetzgeberischen Akt Umfang und Qualität des sozialen Gutes neu definieren kann? Sind es die Kostenträger, die das soziale Gut bezahlen, oder ist es tatsächlich der Empfänger des sozialen Gutes?

Diese Unsicherheit verweist auf den mehrdimensionalen Kundenbegriff als ein weiteres mögliches Element bzw. eine weitere Besonderheit sozialer Güter. Kunden können die Träger einer sozialwirtschaftlichen Organisation, potenzielle Mitglieder, Bezieher sozialer Güter, Förderer, Stifter und Spender, der Staat oder auch Konkurrenten und Fremdorganisationen sein. Durch die wechselseitigen Austauschbeziehungen kann sich der Kundenbegriff je nach Organisationsziel und Aktivität ändern. Oftmals gibt es parallele Kundenbeziehungen, die zeitgleich zu berücksichtigen sind.

Im Gegensatz zu vielen anderen Gütern werden soziale Güter oftmals gar nicht über Märkte gehandelt, die Angebot und Nachfrage in Übereinstimmung bringen. Wenige große Anbieter haben monopolartige Strukturen ausgebildet und bieten gleichartige Leistungen an, ohne dabei direkt in Konkurrenz zu treten. Die Preise für soziale Güter können durch Verträge mit den Kostenträgern festgelegt worden sein, was den Markteintritt neuer Konkurrenten zusätzlich erschwert.

Soziale Güter sind hinsichtlich ihrer Qualität mitunter noch schlechter zu beurteilen als Dienstleistungen im Allgemeinen. Soziale Güter sind ganz überwiegend immer nur Mittel zum Erreichen eines sehr stark an das Individuum gebundenen Ziels (z.B. individueller Nachteilsausgleich). Ob dieses Ziel tatsächlich mit Unterstützung des sozialen Gutes erreicht wurde, teilweise erreicht wurde oder gar nicht erreicht wurde, ist sehr schwer zu isolieren. Selbst wenn es gelingen würde, direkt vom sozialen Gut auf die Erreichung eines an das Individuum gebundenen Ziels zu schließen, wäre damit noch nichts über die Qualität des sozialen Gutes ausgesagt.

Viele Ersteller sozialer Güter agieren vor dem Hintergrund umfangreicher ethischer Wertegefüge, denen sie sich stark verpflichtet fühlen. In der Art und Weise, wie die Erstellung sozialer Produkte und Dienstleistungen erfolgt, setzen diese Institutionen ihren Wertekanon um. Das Ziel des ökonomischen Erfolgs tritt zugunsten ethisch begründeter Werte in den Hintergrund. Eine Balance zwischen ökonomischen Erfolg und Werteorientierung ist allerdings notwendig, um den Fortbestand der Institution zu sichern. Beispiele für werteorientierte Ersteller sozialer Güter sind katholische oder evangelische Krankenhäuser, aber auch die Arbeiterwohlfahrt.

Die ökonomische Bedeutung des Sozialmarktes in unserer Gesellschaft stellt eine große Kennziffer dar, hat doch der soziale Sektor eine beachtliche Stellung in der Volkswirtschaft der Bundesrepublik Deutschland, und es verwundert nicht, dass soziale Organisationen von den Umsatz- und Mitarbeiterzahlen mit produzierenden oder Handelsunternehmen vergleichbar sind. So werden die Größe der Wohlfahrtsverbände und deren Zahl an Mitarbeitern stets unterschätzt. Allein das Diakonische Werk in Deutschland zählt ca. 400 000 Mitarbeiter, im Vergleich dazu ist der größte deutsche Firmenarbeitgeber Siemens mit ca. 180 000 Mitarbeitern nicht annähernd halb so groß (Zimmer/Nährlich, 2003, S. 77).

Zusammenfassend kann festgehalten werden, dass soziale Güter folgende Besonderheiten aufweisen können:
- meist hoher immaterieller Anteil,
- fehlende Lagerbarkeit,
- Integration des externen Faktors: Einbeziehung des Kunden in die Leistungserstellung,
- sehr schwierige Messbarkeit von Qualität,
- Individualität der Leistung,
- Uno-actu-Prinzip,
- Standortgebundenheit,
- Überwachung des Verbrauchs und Sanktionierung des Nichtverbrauchs,
- starke Bindung an gesetzliche Regelungen,

- mehrdimensionale Kundenverflechtung,
- fehlende Marktpräsenz,
- Verpflichtung auf ethische Werte.

Diese Zusammenfassung ist nicht vollständig, zeigt aber doch die vielfältigen Besonderheiten sozialer Güter im Vergleich zu klassischen Gütern. Soll ein konstistentes Sozialmarketing betrieben werden, gilt es, diese Besonderheiten im Prozess des strategischen und operativen Marketings zu berücksichtigen.

2. DIE ERSTELLUNG SOZIALER GÜTER

2.1 KOORDINATIONSFORMEN ZUR ERSTELLUNG SOZIALER GÜTER

2.1.1 GRUNDLAGEN FÜR DIE KOORDINATION

In Anlehnung an die im Abschnitt 1.2 vorgenommene Differenzierung zwischen staatlichem Handeln, dem Austausch von Leistungen auf Märkten, der solidarischen Bereitstellung von Gütern sowie dem als „intermediär" bezeichneten Bereich lassen sich die typischen Koordinationsformen zur Erstellung sozialer Güter beschreiben.

Die typische Form marktlicher Koordinierung erfolgt durch den Erwerb der zur Herstellung sozialer Güter notwendigen Vorprodukte über Märkte. Angebot und Nachfrage bestimmt auf diesen Märkten den Preis, die Hersteller sozialer Güter treten auf diesen Märkten als Nachfrager auf. Die Verbindung von Nachfrager und Anbieter wird durch Verträge formalisiert, in denen neben den Rechten und Pflichten beider Seiten vor allem der Kaufpreis sowie die Sanktionsmechanismen bei Nichterfüllung der vertraglichen Verpflichtungen fixiert werden. Beispiele für marktliche Koordinierungsmechanismen bei der Erstellung sozialer Güter sind der Einkauf der Leistung „Verpflegung" in Krankenhäusern oder der Einkauf von Materialien zur Weiterverarbeitung in einer Werkstatt für Menschen mit Behinderungen.

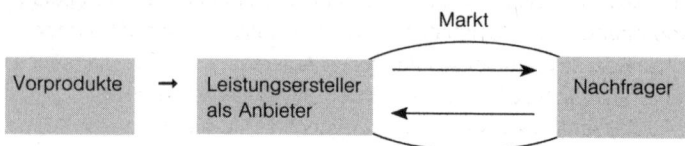

Abbildung 2-1: Koordination der Leistungserstellung über den Markt

Demgegenüber koordiniert der Staat die Erstellung sozialer Güter durch Bürokratie und gesetzliche Zwänge. Mittel dafür sind neben den Gesetzen auf Bundes- und Landesebene auch Erlasse, Verwaltungsvorschriften und dergleichen. So regelt beispielsweise das Jugendhilfegesetz die Erstellung der sozialen Leistung „Jugendhilfe". Zahlreiche Verwaltungsvorschriften spezifizieren das Handeln der staatlichen Bürokratie.

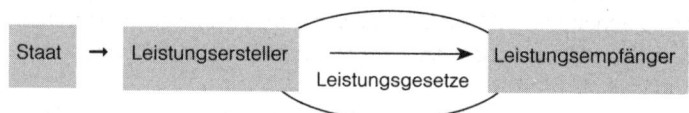

Abbildung 2-2: Koordination der Leistungserstellung durch den Staat

Weitgehend ohne formale Koordination werden dagegen soziale Güter wie beispielsweise Hilfeleistungen durch Selbsthilfegruppen oder die Verköstigung Not leidender Menschen durch die bundesweit agierenden Tafeln erstellt (vgl. www.tafel.de). Informelle Absprachen sichern die solidarische Bereitstellung von sozialen Leistungen auf der Grundlage ideeller Werte und ehrenamtlichen Engagements.

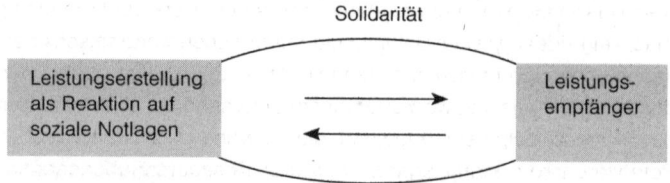

Abbildung 2-3: solidarische Koordination der Leistungserstellung

2.1.2 NETZWERKE

Die bei der Erstellung sozialer Güter häufig anzutreffende intermediäre Koordinationsform beinhaltet Elemente staatlichen Handelns, marktlicher Koordination sowie informellen Agierens. In den vergangenen Jahren hat sich dafür der Begriff des „Netzwerkes" etabliert.

Der Begriff „Netzwerk", der ursprünglich für die physische Kopplung von Leistungen verschiedener Computer zur Generierung eines höheren Leistungspotenzials (Rechenleistung, zusätzliche Anwendungsmöglichkeiten) geprägt wurde, hat gegenüber dem Begriff der Koordination zwei Vorteile: „Netzwerk" betont zum einen die Beteiligung einer größeren Zahl von Partnern, zum anderen die über eine lose Kooperation hinausgehende dauerhafte Bereitstellung der für den Netzwerkoutput notwendigen Ressourcen.

In der wissenschaftlichen Diskussion taucht der Begriff des „Netzwerkes" erstmalig vermehrt Mitte der 90er Jahre des vergangenen Jahrhunderts auf. Ausgehend von Sydow (1992) beschreibt beispielsweise Schubert (1994) Netzwerkansätze im sozialwissenschaftlichen Bereich und Calaminus Netzwerkansätze im Investitionsgütermarketing (Calaminus, 1994).

In der Definition des Begriffs „Netzwerk" wird sich nahezu übereinstimmend an Sydow (1992, S. 82) angelehnt, der Netzwerke als intermediäre Organisationsformen ökonomischer Aktivitäten zwischen Markt und Hierarchie (Sydow, 2000, S. 25f.) versteht, die sich durch komplex-reziproke und vorrangig kooperative, statt kompetitive Beziehungen zwischen rechtlich selbstständigen und formal unabhängigen Unternehmen, Institutionen und/oder Einzelpersonen auszeichnen.

Bei der Beschreibung von Netzwerken werden höchst unterschiedliche Klassifikationen und Typologien herangezogen. Die Definition von Netzwerken als ökonomische Aktivität zwischen Markt und Hierarchie macht eine idealtypische Unterscheidung zwischen hierarchisch orientierten und polyzentrisch orientierten Netzwerken möglich. Dabei werden hierarchische Netzwerke von einem Unternehmen, einer Institution bzw. einer Einzelperson angeführt, die aufgrund ihrer ökonomischen Potenzen, ihrem Marktzugang oder ihrer Ressourcenüberlegenheit im Netzwerk dominieren.

Polyzentrische Netzwerke werden dagegen von Unternehmen, Institutionen oder Einzelpersonen gebildet, zwischen denen gleichgewichtige gegenseitige Abhängigkeiten bestehen, die oft gar nicht vertraglich fixiert sind. Polyzentrische Netzwerke werden häufig von Unternehmen, Institutionen oder Einzelpersonen der gleichen Wertschöpfungsstufe gebildet und sind eher operativ als strategisch ausgerichtet.

Sowohl polyzentrische als auch hierarchische Netzwerke können seitens der Anbieter oder seitens des Kunden intendiert sein. Anbieterorientierte Netzwerke sind das Ergebnis mehr oder weniger bewussten Handelns von Unternehmen, Institutionen oder Einzelpersonen mit dem Ziel, durch die Verankerung im Netzwerk Vorteile zu erlangen. Allerdings schaffen auch Kunden durch die Bündelung von individuell zusammengestellten Dienstleistungen Dienstleistungsnetzwerke, in denen die Beurteilung der einzelnen Dienstleistung nicht unabhängig von der Qualität weiterer Dienstleistungen erfolgt. Kundenintendierte Netzwerke kommen zustande, ohne dass dies von den Akteuren des Netzwerkes gesteuert, gestaltet oder gewollt wird. In vielen Fällen wird die kundenintendierte Netzwerkbildung von den beteiligten Unternehmen oder Institutionen weder in ihrer Art noch in ihrem Umfang erkannt. So schaffen sich beispielsweise sozial schwache Familien ein Netzwerk aus Selbsthilfegruppen, sozialen Transferleistungen und Erziehungshilfen.

Anbieterorientierte polyzentrische Netzwerke unterliegen evolutionären Prozessen. Idealtypisch, aus der Innenperspektive des Netzwerkes und psychologisch-deskriptiv können dabei folgende Phasen unterschieden werden:

1. PHASE: VERTRAUENSBILDUNG

Die potenziellen Akteure eines Netzwerkes lernen sich kennen, erleben und bewerten das Verhalten anderer potenzieller Akteure in verschiedenen sozialen Kontexten. Persönliche Zu- und Abneigungen beeinflussen die Investitionen in den Aufbau von Vertrauen. Vertrauen bildet die Basis um eine positive Erwartungshaltung zu erzeugen, damit opportunistisches Verhalten seitens des potenziellen Partners innerhalb eines Netzwerkes nicht oder in berechenbarem Maße gezeigt wird.

2. PHASE: VERTIEFUNG DURCH PRÜFUNG VON KOOPERATIONEN
Ist eine hinreichend große Vertrauensbasis geschaffen, kann sich die Prüfung möglicher Kooperationen anschließen. Dies kann systematisch in Form von Workshops zur Ideengenerierung, unsystematisch oder sogar zufällig erfolgen.

3. PHASE: VEREINBARUNG VON KOOPERATIONSPROJEKTEN
a) Art und Umfang
Fällt die Prüfung von möglichen Kooperationen positiv aus, d.h. kann aufgrund der ins Auge gefassten Kooperation Mehrwert für die potenziellen Netzwerkpartner generiert werden, erfolgt eine Vereinbarung zu Art und Umfang des Kooperationsprojektes. Dies kann formal über vertragliche Bindungen bis hin zu rein informellen Absprachen erfolgen.

b) Strukturelle Absicherung von Risiken
Neben der Vereinbarung von Art und Umfang des Kooperationsprojektes kann die Vereinbarung auch Absicherungen der Kooperationspartner enthalten, um die spezifischen Investitionen in das vom Netzwerk erstellte Produkt oder die vom Netzwerk erstellte Dienstleistung abzusichern und die materiellen oder ideellen Erträge des Netzwerks den einzelnen Partnern zuzuschreiben.

4. PHASE: LEISTUNGSERSTELLUNG, NETZWERKSTABILITÄT
Ob eine Netzwerkkonfiguration geeignet ist oder nicht, zeigt sich erst bei einer gemeinsamen Leistungserstellung. Ist ein Nachjustieren der Netzwerkkonfiguration möglich, wird eine größere Netzwerkstabilität erreicht. Allerdings können sich unter dem Druck der Leistungserstellung die Netzwerkmechanismen als zu schwach erweisen, was eine Implosion des Netzwerks zur Folge hätte.

Beispiel für ein Netzwerk ist die Soziallotterie „Aktion Mensch" als Netzwerk in der juristischen Form eines eingetragenen Vereins zwischen den deutschen Wohlfahrtsverbänden und dem Zweiten Deutschen Fernsehen.

Die intensive Berichterstattung der Massenmedien über den Contergan-Skandal rückt das Thema „Behinderung" in das Bewusstsein vieler Menschen. „Behinderung" wird enttabuisiert, Behinderung ist nicht mehr nur ein persönliches Schicksal, sondern wird als gesellschaftliche Aufgabe begriffen. Auch das 1963 gegründete Zweite Deutsche Fernsehen nimmt sich des Themas an. Typischerweise für die 1. Phase der Netzwerkbildung lernen sich Journalisten, Betroffene und Vertreter der Wohlfahrtsverbände kennen. Es entsteht die Idee, gemeinsam aktiv zu helfen (2. Phase der Netzwerkbildung). 1964 wird in der 3. Phase der Netzwerkbildung die Aktion Sorgenkind gegründet. Am 9. Oktober geht im ZDF die Unterhaltungssendung „Vergissmeinnicht" mit Moderator Peter Frankenfeld auf Sendung. Nach der Sendung wird von ZDF-Redaktionleiter Hans Mohl zu Spenden für die Aktion Sorgenkind aufgerufen. Dem Verein „Aktion Mensch e.V.", in dem das ZDF und die sechs Spitzenverbände der Freien Wohlfahrtspflege Mitglied sind, obliegt die ordnungsgemäße Mittelvergabe (Beginn der 4. Phase der Netzwerkbildung). Das Netzwerk aus ZDF und Wohlfahrtsverbänden hat mittlerweile eine beachtliche Stabilität erreicht. Aus „Vergissmeinnicht" wurde 1969 „3 x 9" mit Wim Thoelke und 1974 „Der große Preis", die Förderziele werden ausgeweitet, Krisen und Rückgänge des Spendenaufkommens gemeistert, eine neue Positionierung in der Öffentlichkeit vorgenommen. Am 1. März 2000 wird aus der Aktion Sorgenkind die Aktion Mensch, die als Netzwerk seit dessen Gründung das gesellschaftliche Verständnis von Behinderung maßgeblich mitgeprägt hat.

Weitere Beispiele für Netzwerke sind u.a. Selbsthilfegruppen, Tafeln, Umweltgruppen, Bürgerinitiativen.

Unabhängig davon, auf welche Art und Weise die Koordination zur Erstellung sozialer Güter erfolgt, zeigt sich eine Reihe von Koordinierungsproblemen, die aus den Besonderheiten sozialer Güter erwachsen. Solche Koordinierungsprobleme treten beispielsweise bei der Beantwortung folgender Fragen auf:

– Wie können soziale Dienstleistungen unter Einbeziehung der Leistungempfänger und Kunden auf hohem Niveau erstellt werden?
– Wie können trotz starker Bindung an gesetzliche Regelungen soziale Güter ökonomisch erstellt werden?
– Wie kann der Verbrauch bzw. der Nichtverbrauch sozialer Güter sinnvoll gefördert bzw. sanktioniert werden?
– Wie können soziale Güter mit mehrdimensionaler Kundenverflech-

tung zur Befriedigung sehr unterschiedlicher Bedürfnisse hergestellt werden?

– Wie kann der Spagat zwischen der Verpflichtung auf ethische Werte und der notwendigen Beachtung ökonomischer Grundsätze gelingen?

Hinweise zur Lösung dieser Koordinierungsprobleme stammen vor allem aus der Neuen Institutionsökonomik (z.B. Richter, 2003; Prinz, 2001), der Spieltheorie (z.B. Holler, 2003), der Neuen Politischen Ökonomie (z.B. Kirsch, 2004) sowie dem Qualitätsmanagement (z.B. Bruhn, 2004).

2.2 KOORDINIERUNGSPROBLEME

2.2.1 HINWEISE AUS DER INFORMATIONSÖKONOMIK

Das bis heute gängige Modell in den Wirtschaftswissenschaften ist das neoklassische Paradigma (vgl. Meffert/Bruhn, 2003). Hierbei wird – der Einfachheit halber – u.a. davon ausgegangen, dass auf freien Märkten vollständige Informationen oder vollständige Rationalität zwischen den Akteuren herrschen. So wird angenommen, dass Menschen aufgrund rationaler Entscheidungen Kaufhandlungen tätigen. Der Vorteil dieser theoretischen Annahmen ist ihre stringente und mathematisch leichte Überprüfbarkeit.

Die neoklassische Theorie stößt jedoch insbesondere im Dienstleistungsmarketing an Grenzen. Die Informationsökonomik versucht vom Standpunkt einer begrenzten Rationalität bei Entscheidungen sowie unter der Annahme von Informationsasymmetrien zwischen handelnden Akteuren zusätzliche Erkenntnisse zu gewinnen.

Leicht nachvollziehbar ist, dass Menschen Entscheidungen nicht immer unter ökonomischem Nutzenskalkül treffen. Die Orientierung von Entscheidungen an moralischen Maßstäben bzw. aktuellen Gefühlzuständen ist nur schwer mit dem neoklassischen Paradigma zu fassen. Gleiches gilt für Situationen, in dem eine Transaktion zwischen verschiedenen Akteuren mit unterschiedlichen Informationsständen durchgeführt wird. Dabei ist sofort ersichtlich, dass beispielsweise bei der Transaktion „Pflege eines alten Menschen" zwischen Arzt, Pflegepersonal, Angehörigen und altem Menschen Informationsdifferenzen auftreten. Die Ansätze der Informationsökonomik basieren auf der Annahme, dass Menschen nicht nur rational entscheiden und es zwischen den Akteuren von Transaktionen unterschiedliche Informationsstände geben kann. Die Informationsökonomik untersucht, welche Auswirkungen nicht rationale Entscheidungen und Informationsasymmetrien auf die Beziehung der Akteure haben.

2.2.1.1 DAS INFORMATIONSÖKONOMISCHE DREIECK

Welche Beurteilungen bzw. Handlungen unternimmt nun ein Kunde, der eine Dienstleistung in Anspruch nehmen möchte, dessen Beziehung zum Dienstleister aber durch Unsicherheiten gekennzeichnet ist? Das so genannte Informationsökonomische Dreieck fokussiert drei Eigenschaften (vgl. Ramme, 2004; Meffert/Bruhn, 2003), die auftreten:

(1) *Sucheigenschaften* liegen dann vor, wenn die Dienstleistung bereits vor Inanspruchnahme beurteilt werden kann. So können Referenzen oder Informationsbroschüren über die Dienstleistung informieren. Jedoch ist es – durch die oben genannten Besonderheiten von Dienstleistungen (z.B. Uno-actu-Prinzip) – sehr schwer, Vor-Beurteilungen vorzunehmen.

(2) *Erfahrungseigenschaften* sind erst während oder nach der Erbringung der Dienstleistung zu erlangen. Die Qualität einer psychologischen Beratung lässt sich nur im Prozessverlauf oder im Nachhinein beurteilen, nicht vorher.

(3) *Vertrauenseigenschaften* liegen dann vor, wenn eine Dienstleistung nicht oder nur indirekt durch den Nachfrager zu beurteilen ist. Ob eine schwierige medizinische Behandlung gelungen ist, kann möglicherweise nie beurteilt werden.

Die Eigenschaften können dabei stark oder schwach ausgeprägt sein. Die Implikationen, die sich aus den informationsökonomischen Ausprägungen ergeben (vgl. Meffert/Bruhn, 2003) können sich z.B. auf die Ausgestaltung der Marketingaktivitäten des Anbieters auswirken. Dieses hat sich nach dem Informationsbeschaffungsverhalten und Auswahlverhalten des Nachfragers zu orientieren. So wird sich die Nachfrage nach einer hoch immateriellen Dienstleistung steigern lassen, wenn den Sucheigenschaften der Nachfrager beispielsweise durch Internetpräsentationen oder Hotlines entsprochen wird. Ansonsten besteht die Gefahr, dass die Dienstleistung gar nicht erst nachgefragt wird. Ziel der Aktivitäten ist also, gezielte Marketingmaßnahmen durchzuführen, um einen Abbau der Unsicherheit und des Leistungskaufrisikos vorzunehmen.

Bei der Übertragung des Ansatzes des informationsökonomischen Dreieckes auf soziale Güter ergeben sich durch die mehrdimensionale Kundenbedeutung neue Herausforderungen für das Sozialmarketing. Denn wenn man wie im obigen Ansatz davon ausgeht, dass der Kunde im Dienstleistungsbereich die Triade der Prüfeigenschaften vornimmt (zuerst Such-, dann Erfahrungs-, dann Vertrauenseigenschaften), ist im Sozialmarketing der Kunde nicht immer identisch mit demjenigen, der die Dienstleistung in Anspruch nimmt. Wenn z.B. ein Platz in der Suchthilfe nachgefragt wird, kann einerseits die einweisende Institution der Kunde (Nachfrager) sein, andererseits auch die Hilfe beanspruchende Person. Dabei können diese zwei Nachfrager zu unterschiedlichen Ergebnissen bei den oben genannten Prüfkriterien kommen. Sozialmarketing muss also die Auswirkungen dieser Mehrdimensionalität berücksichtigen.

2.2.1.2 Die Principal-Agent-Theorie

Auftragsbeziehungen zwischen dem Leistungsanbieter und Abnehmer der Leistung sind prinzipiell gekennzeichnet durch Unsicherheiten. Besonders die Umweltunsicherheit und ein Informationsdefizit des Auftraggebers (des Prinzipalen) gegenüber seinem Auftragsempfänger (sein Agent) kennzeichnen klassische Situationen im (sozialen) Dienstleistungsmarketing (vgl. Bayón, 2001). Die Principal-Agent-Theorie versucht, eine „Analyse und optimale Gestaltung von Auftragsbeziehungen zwischen einem Auftraggeber (Prinzipal) und Auftragnehmer (Agenten)" vorzunehmen (Poth/Poth, 1999, S. 336). Zentraler Aspekt ist dabei, dass dieses Informationsdefizit des Prinzipalen zu opportunistischem Verhalten, d.h. Handlungen zum eigenen Vorteil seitens des Agenten führt. Dies wiederum hat Auswirkungen auf die Beziehung zwischen Agent und Prinzipal. So werden drei Grundtypen von opportunistischem Verhalten seitens des Agenten unterschieden (vgl. Meffert/Bruhn, 2003):

(1) *Hidden Characteristics:* Sie bezeichnen Eigenschaften der Dienstleistung, die allein dem Agenten vor der Interaktionsbeziehung bekannt sind und die der Agent dem Prinzipalen (z.B. Kunden) nicht mitteilt. So kann die Qualifikation z.B. eines Pflegepersonals nicht vom Kunden überprüft werden. Vor diesem Hintergrund gewinnt der Preis für den Kunden ein entscheidendes Kriterium. Stellt jedoch der Kunde im Nachhinein ein nicht akzeptables Preis-Leistungs-Verhältnis fest, kann dies auf Dauer dazu führen, dass der Kunde nur noch billige Leistung nachfragt, um nicht noch einmal hereinzufallen. Dieses Phänomen wird als „Adverse Selection" (Meffert/Bruhn, 2003, S. 90) bezeichnet.

(2) *Hidden Actions:* Hierbei versucht der Agent, für den Prinzipalen nicht nachvollziehbare oder unsichtbare Handlungen zu vollziehen, um dadurch einen Vorteil zu erzielen. So sind Kunden oft nicht in der Lage, alle Handlungen (z.B. Behandlungsschritte) zu beurteilen. Dieses eigennützige Verhalten, das die Informationsdefizite des Kunden ausnutzt, wird „Moral Hazard" (Meffert/Bruhn, 2003, S. 90) genannt.

(3) *Hidden Intentions* schließlich kennzeichnen geheime Absichten des Agenten. Ist der Prinzipal die Auftragsbeziehung eingegangen, ist oftmals ein Beenden erst nach erbrachter Leistung möglich (Versicherungsverträge, ärztliche Behandlung). Kündigt der Agent – im Sinne opportunistischen Verhaltens – trotzdem für den Prinzipalen nachteilige Handlungen an (z.B. Erhöhung der Versicherungsprämie, gravierendere und/oder teurere Behandlungsschritte), ist der Kunde an die Auftragsbeziehung jedoch weiterhin gebunden. Hierbei spricht man von „Hold up".

Die Implikationen aus diesem Interaktionsschema sind gerade im Dienstleistungsbereich schwerwiegend. Dienstleistungen, die unter diesen Randbedingungen angeboten werden, werden nicht oder nur mit starkem Widerwillen nachgefragt.

Die Aufgabe des Dienstleistungsmarketing besteht nun darin, diese Unsicherheiten und Informationsasymmetrien zu reduzieren. Es genügt dabei nicht, Informationen über die Dienstleistung vor der Inanspruchnahme zu geben oder Garantien anzubieten. So gilt es, eine Reputation aufzubauen (Meffert/Bruhn, 2003), vor allem bei Dienstleistungen mit hohem Anteil an Erfahrungs- oder Vertrauenseigenschaften (vgl. Kap. 2.2.1).

Überträgt man die oben genannten Unterscheidungen auf ein Beispiel, könnte man folgende Ausprägungen opportunistischen Verhaltens beobachten:

Zu 1. Hidden characteristics treten z.B. in der Kinder- und Jugendhilfe dann auf, wenn der Nachfrager, beispielsweise das Jugendamt, einen Platz für ein Kind (z.B. für eine stationäre Unterbringung) auszuwählen hat. Dabei ist es nur dem Jugendamt möglich, die Qualifikation des Personals aufgrund von Zeugnissen oder Abschlüssen zu prüfen. Der Kunde vor Ort hat diese Möglichkeit nicht.

Darüber hinaus sind z.B. aktuellen Probleme und Hindernisse, die in der Einrichtung vorhanden sind, nicht sichtbar und bleiben so dem Kunden verborgen.

Zu 2. Hidden Actions: Im Beispiel der Jugendhilfe können hier Handlungen der Einrichtungen vorgenommen werden, die der Nachfrager nicht nachvollziehen kann. So muss das Jugendamt mehr oder weniger akzeptieren, dass die Einrichtung den Therapieplan vorgibt, ändert oder ergänzt. Die von der Einrichtung vorgenommenen Handlungen, die der Änderung des Therapieplans vorangegangen sind, bleiben also dem Jugendamt verborgen.

Zu 3. Hidden Intentions: Hierunter können in unserem Beispiel Handlungen gelten, die die Jugendhilfeeinrichtung unternimmt, um z.B. das zu beaufsichtigende Kind in der Einrichtung zu halten. Sie könnte – um die Platzkapazität voll auszulasten – dem Jugendamt unbedingt weitere notwendige Hilfemaßnahmen anzeigen, obwohl kein Bedarf besteht. Die geheime Absicht ist hierbei, die Vollauslastung der Einrichtung zu gewährleisten, nicht das Wohl des Kindes zu verfolgen.

2.2.1 Hinweise der Spieltheorie

Im Mittelpunkt der Spieltheorie steht der Versuch, das Verhalten von Personen in einer bestimmten Entscheidungssituation aus den jeweiligen Rahmenbedingungen heraus zu erklären. Damit verfolgt die Spieltheorie einen anderen Ansatz als beispielsweise die Persönlichkeitspsychologie, die Verhalten aus den Persönlichkeitsstrukturen von Menschen erklären will. Dazu reduziert die Spieltheorie in der Tradition ökonomischer Ansätze ebenso wie die neoklassische Wirtschaftstheorie und die Neue Politische Ökonomie (vgl. Kapitel 2.2.3.) die Persönlichkeit des Entscheiders auf die Maximierung des individuellen Nutzens als Entscheidungskriterium für individuelles Handeln. Vergleichbar zur Neuen Politischen Ökonomie wird jedoch eine offene Nutzenfunktion angenommen, d.h., neben materiellem Nutzen können auch andere Aspekte, die den Bedürfnissen des Individuums entsprechen, wie Selbstbestimmung, soziales Ansehen, Macht und Autorität den individuellen Nutzen maximieren.

Die Maximierung des eigenen individuellen Nutzens kann allerdings häufig nur unter Berücksichtigung der Entscheidung anderer erreicht werden. Diese anderen entscheiden ihrerseits entsprechend ihren subjektiven Nutzenskalkülen, die wiederum für andere nicht immer vorhersehbar sind. Umgekehrt gilt auch, dass eigene Entscheidungen die Entscheidungen anderer beeinflussen können. Eine strategische Unsicherheit bei denen, deren Entscheidungen sich wechselseitig direkt oder indirekt beeinflussen, ist die Folge. Die Spieltheorie beschreibt solche Situationen als Spiel und versucht, für jedes sinnvoll definierte Spiel eindeutige Verhaltensempfehlungen an alle Spieler zu geben (Güth, 1999, S. 179).

Die Analyse einer solchen Spielsituation setzt voraus, dass die Spieler und die Abfolge des Spiels sicher identifiziert werden. Eine sequenzielle Abfolge liegt vor, wenn ein Spieler den vorausgegangenen Zug des anderen Spielers kennt und die Entscheidung entsprechend ausrichten kann. Wenn dagegen die Spieler ihre Entscheidungen ohne Kenntnis der Entscheidung des anderen treffen, wird von simultaner Interdependenz gesprochen. „Die Art der Interdependenz bestimmt die strategische Unsicherheit eines Spielers bezüglich des bisherigen Handelns des jeweils anderen Spielers. Bei sequenziellen Interdependenzen kann der Spieler sein Verhalten vom bisherigen Spielverlauf abhängig machen, bei einer simultanen Interdependenz muss er hingegen Erwartungen über das Handeln des anderen Spielers bilden" (Jost, 2001a, S. 15).

Die Spieltheorie unterscheidet Spiel in Normalform, Spiel in extensiver Form mit vollständiger Information sowie Spiel mit unvollständiger Information. Das Spiel in Normalform ist gekennzeichnet von simultaner Interdependenz. Jeder Spieler verfügt dabei über vollständige Informationen zu den Parametern der Entscheidungssituation, einschließlich der Konsequenzen, die sich aus der Entscheidung aller Spieler ergeben. Zur Illustration von Spielen in Normalform wird häufig das Gefangenendilemma verwendet. Dabei werden zwei Kriminellen, die gemeinsam ein Verbrechen begangen haben, festgenommen. Ihnen kann jedoch nur Waffenbesitz, der mit einem Jahr Freiheitsentzug geahndet wird, nicht jedoch die Tat selbst nachgewiesen werden. Beide Gefangene werden in verschiedenen Zellen untergebracht und mit folgendem Angebot konfrontiert: „Gesteht der Gefangene den gemeinschaftlichen Raufüberfall, wird er aufgrund seiner Kooperation mit der Staatsanwaltschaft direkt freigelassen, sofern sein Komplize nicht auch gestanden hat. Letzterer wird dann wegen Raubes verurteilt. Die Strafe fällt aufgrund mangelnder Zusammenarbeit mit der Staatsanwaltschaft maximal aus – sagen wir neun Jahre. Gestehen aber beide, werden sie gemeinsam für den Raubüberfall zur Verantwortung gezogen. Allerdings wirkt ihr Geständnis strafmildernd – die Gefängnisstrafe sei in diesem Fall für jeden sechs Jahre" (Jost, 2001a, S. 20). Gestehen beide Gefangene, müssen beide für sechs Jahre hinter Gitter. Gestehen beide nicht, muss von beiden nur ein Jahr abgesessen werden. Gesteht einer, der andere jedoch nicht, kommt der Geständige sofort frei, der andere hat neun Jahre zu verbüßen. Wie werden sich die beiden Kriminellen unter der Annahme rationalen Kalküls entscheiden?

„Angenommen, Gefangener 2 gesteht. Gesteht der Gefangene 1 ebenfalls, muss er für sechs Jahre ins Gefängnis. Gesteht er hingegen nicht, erhöht sich seine Strafe um drei Jahre. Folglich wird sich der Gefangene 1 für ein Geständnis entscheiden.

Gesteht sein Komplize hingegen nicht, ergeben sich für den Gefangenen 1 folgende Überlegungen: Bei einem Geständnis kommt er direkt frei, ansonsten muss er für ein Jahr ins Gefängnis. Also wird er auch in diesem Fall den Raubüberfall gestehen" (Jost, 2001b, S. 46).

Für beide Gefangenen ist „Gestehen" die dominante Strategie. Gefangenendilemmas haben „die bemerkenswerte Eigenschaft, dass beide Seiten ihre dominante Strategie spielen und damit ihre individuelle Auszahlung maximieren, gleichzeitig beide jedoch ein Ergebnis produzieren, das sie gemeinsam schlechter stellt, als wenn jeder eine Strategie gewählt hätte, die den eigenen Gewinn minimiert" (Dixit/Nalebuff, 1997, S. 90).

Situationen, die dem Gefangenendilemma entsprechen, finden sich häufig, sei es bei der Festlegung von Preisen, Produktionsmengen oder politischer Entscheidungen (z.B. Dixit, 1997, S. 89f.). So können beispielsweise zwei miteinander konkurrierende unterausgelastete Anbieter betreuten Wohnens vor der Entscheidung stehen, den Preis für ihre Leistung zu senken. Bei beiden Anbietern leben derzeit 100 Mieter, die alle 500 € monatlich bezahlen. Sinkt der Preis eines der

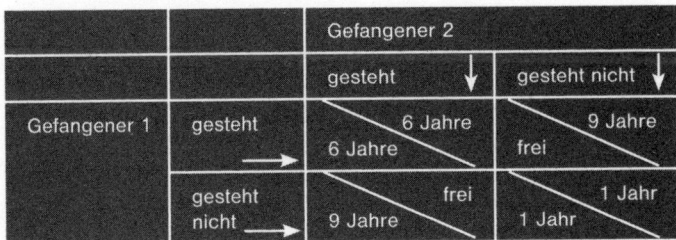

Tabelle 2-1: Das Gefangendilemma

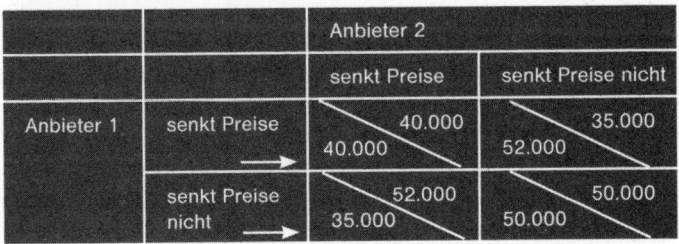

Tabelle 2-2: Beispiel Gefangenendilemma einer Sozialorganisation

Anbieter um 100 €, werden 30 Mieter vom einen zum anderen Anbieter wechseln. Welche Entscheidung werden beide Anbieter treffen? In Analogie zum Gefangenenspiel gilt:

Angenommen, Anbieter 2 senkt die Preise. Senkt Anbieter 1 ebenfalls die Preise, betragen seine Einnahmen statt 50.000 € monatlich, nur 40.000 € monatlich. Senkt Anbieter 1 seine Preise nicht, verliert er 30 Mieter, seine Einnahmen betragen nur noch 35.000 €. Folglich wird sich Anbieter 1 für eine Preissenkung entscheiden.

Senkt Anbieter 2 dagegen die Preise nicht, erwirtschaftet Anbieter 1 im Falle einer Preissenkung 52.000 € gegenüber 50.000 € bei gleich bleibenden Preisen. Also wird sich auch in diesem Fall Anbieter 1 für eine Preissenkung entscheiden. Nicht in jedem Fall entstehen bei Spielen in Normalform Dilemmasituationen. In unserem Beispiel der Anbieter betreuten Wohnens würde kein Dilemma entstehen, wenn statt 30 Mieter nur 20 Mieter zum billigeren Anbieter wechseln würden. In diesem Fall gäbe es für beide keinen Anreiz, die Preise zu senken.

Im Unterschied zu Spielen in Normalform, werden bei Spielen in extensiver Form mit vollständiger Information die Entscheidungen sequenziell, also Zug um Zug getroffen. Die Spieler kennen die jeweilige Entscheidung des anderen Spielers und können ihre Entscheidung danach ausrichten. Das Gefangendilemma löst sich auf, weil der Gefangene 2 weiß, wie Gefangener 1 entschieden hat, und sich entsprechend verhalten wird.

Wiederum in ein Dilemma kommen die Gefangenen, wenn Gefangener 1 zum Zeitpunkt seiner Entscheidung weiß, dass seine Entscheidung Gefangenem 2 vor dessen Entscheidung bekannt sein wird. Jetzt ist die Entscheidung von Gefangenem 1 eine Wette auf den Charakter von Gefangenem zwei. Denn egal, wie sich der Gefangene 1 entscheidet, der Gefangene 2 hat es in der Hand, die Zeitdauer des Gefängnisaufenthalts für den Gefangenen 1 zu bestimmen. Vermutet der Gefangene 1 im Gefangenen 2 einen wenig charakterfesten Menschen, der danach trachtet, den Gefangenen 1 lange hinter Gitter zu bringen, könnte er versucht sein, durch ein Geständnis Gefangenen 2 für sechs Jahre ins Gefängnis zu bringen. Kooperieren die beiden, kämen beide mit je einem Jahr davon.

Bei Spielen mit unvollständiger Information ist mindestens ein Spieler unsicher, welche Entscheidungsmöglichkeiten der andere Spieler besitzt und/oder welche Konsequenzen mit den jeweiligen Entscheidungen verbunden sind. Die Spieltheorie modelliert solche Situationen als Spiele mit vollständiger, aber imperfekter Information, indem sie mehrere mögliche Annahmen anstatt der unsicheren Information einsetzen. So würde sich unser Gefangene 1 überlegen, welche Entscheidung er bei einem charakterfesten bzw. einem charakterlosen Gefangenen 2 treffen müsste. Mithilfe mathematischer Verfahren hat die Spieltheorie eine Reihe von Spielen analysiert, die wesentlich komplexer als Spiele in Normalform mit zwei Spielern sind. Auf der Grundlage dieser Betrachtungen können jedoch Strategien abgeleitet werden, die es beispielsweise ermöglichen, kooperatives Handeln auch bei großer Informationsunsicherheit anzubahnen. Hierzu zählen u.a. glaubwürdige Bindungen und glaubwürdige Signale, beispielsweise zur Qualität einer Dienstleistung. Darüber hinaus helfen spieltheoretische Ansätze bei der Bestimmung von Strategien von Wettbewerbern, z.B.

hinsichtlich der Produktpositionierung, der Werbeausgaben und des Innovationsgrades (Posselt, 2001). Für soziale Güter von besonderer Bedeutung sind spieltheoretische Überlegungen in Situationen, in denen verschiedene soziale Güter gegeneinander um die Erstellung als öffentliches oder meritorisches Gut konkurrieren sowie bei der glaubwürdigen Signalisierung werteorientierten Handelns als möglichem Differenzierungsmerkmal zwischen verschiedenen Erstellern sozialer Güter. Wir werden darauf in den Kapiteln zum Strategischen und Operativen Marketing zurückkommen.

2.2.2 Hinweise aus der Finanzwissenschaft und der Neuen Politischen Ökonomie

1.2.2.1 Gegenstand

Innerhalb der Volkswirtschaftslehre beschäftigt sich die Finanzwissenschaft mit der ökonomische Analyse der öffentlichen Wirtschaftstätigkeit, insbesondere mit kollektiven Entscheidungen. Die wirtschaftstheoretische Analyse der Politik und politischer Prozesse stehen im Mittelpunkt der Neue Politische Ökonomie, die mit Namen wie den Nobelpreisträgern Hayek, Arrow, Becker, Coase und Buchanan verbunden ist und bei Theorien der „rational choice" ansetzt. Mittlerweile werden die Denkmodelle der Neuen Politischen Ökonomie auch außerhalb der Erklärung politischer Phänomene angewandt. Beispiele dafür sind die Theorie der Gerechtigkeit (Rawls, 1972), die Staatsphilosophie Robert Nozicks (Nozick, 1979) oder die Gesellschaftstheorie James S. Colemans (Coleman, 1994).

Der Ausgangspunkt der Finanzwissenschaft und der Neuen Politischen Ökonomie ist dabei die Annahme, dass in allen Lebensbereichen individuelle Wahlhandlungen die gesellschaftliche Wirklichkeit konstituieren. Die Handlungen des Einzelnen werden als Abfolge von Entscheidungen zwischen verschiedenen Alternativen betrachtet. Entscheidungssituationen sind nicht nur Konsumentscheidungen, sondern beispielsweise auch Entscheidungen zur Wahl einer politischen Partei, zur Unterstützung eines Vereins oder einer Bürgerinitiative, zur Wahl eines Partners, eines Arztes oder der Religion. Diese Wahlentscheidungen erfolgen entsprechend den Postulaten der Neuen

Politischen Ökonomie zugunsten der Alternative, die die individuelle Wohlfahrt des Entscheiders am stärksten fördert. Wohlfahrtsfördernd können dabei sowohl materielle Aspekte als beispielsweise auch Aspekte des Umweltschutzes, der Generationengerechtigkeit oder des eigenen Selbstbildes wirken. Die Neue Politische Ökonomie unterstellt dem Menschen damit nicht nur ein materielles Interesse im Sinne des Besitzes bzw. Verbrauchs von Gütern, sondern auch ein Interesse an sich selbst. Dieses Interesse an sich selbst konstituiert sich immer in Auseinandersetzung mit dem Interesse an anderen Menschen. Entscheidungen zu beiden Aspekten, nämlich zum Besitz bzw. Verbrauch eines Gutes und zu sich selbst, führen zu individuellen Wohlfahrtsgewinnen oder Wohlfahrtsverlusten. So kann beispielsweise der Besitz einer bestimmten Sportschuhmarke bei einem Individuum wohlfahrtsfördernd wirken, während bei einem anderen Individuum der Spendeneuro im Pappbecher eines Obdachlosen die gleiche Wirkung auslöst.

Die Neue Politische Ökonomie stellt konsequent das Individuum in den Mittelpunkt der Betrachtungen des menschlichen Zusammenlebens. „Was in einer Gesellschaft geschieht, passiert deshalb, weil einzelne Individuen in ihr fühlen, denken, reden, handeln. Nicht aber wird von der Gesellschaft her verstanden, was und wie die Einzelnen fühlen, denken, reden und handeln" (Kirsch, 2004, S. 19). Dies bedeutet aber auch, dass das Individuum mit seinen persönlichen Entscheidungen Bezugspunkt für ein wie auch immer geartetes Wertebekenntnis ist, und ein überindividueller Gesellschaftsentwurf, der die Entscheidungsfreiheit von Individuen einschränkt, abgelehnt wird. Beim Vorhandensein endlicher Ressourcen kann damit jedoch die Entscheidung eines Individuums, das die Hebung des eigenen Wohlfahrtsniveaus nach sich zieht, zum Wohlfahrtsverlust bei einem anderen Individuum führen. Das von Wohlfahrtsverlust bedrohte Individuum wird seine Entscheidungen so treffen, dass es dem eigenen drohenden Wohlfahrtsverlust vorbeugt. Daraus wiederum ergibt sich die Frage, wie bei vollständiger Entscheidungsfreiheit jedes einzelnen Individuums der gesellschaftliche Friede beibehalten, eine Ordnung, die dem Recht des Stärkeren folgt, vermieden und die individuelle Freiheit aller gewahrt werden kann.

2.2.2.2 EXTERNE EFFEKTE

Im Grunde lassen sich alle individualistisch-liberalistischen Ansätze auf Adam Smith und seine 1776 publizierte Lösung des Tauschs zwischen eigeninteressierten Individuen auf einem Markt zurückführen (Smith, 2005). Allerdings können mit dem Tausch zwischen zwei Individuen Konsequenzen entstehen, die die Tauschpartner nicht zu tragen haben. Diese von der klassischen Finanzwissenschaft als „externe Effekte" (Samuelson/Nordhaus, 1987, S. 452) bezeichneten Entscheidungswirkungen, können positiver oder auch negativer Natur sein. So profitieren beispielsweise vom individuellen Tausch des Geldes eines Individuums gegen ein schadstoffarmes Auto bei gleichzeitiger Verschrottung eines schadstofffreichen Autos alle Menschen vom verminderten Schadstoffausstoß. Negative externe Effekte treten z.B. auf, wenn in einem Altenheim Angehörige eines Bewohners mit dem Tausch der Einstellung von Interventionen bei der Pflegeaufsicht gegen größere Zuwendung der Pflegekräfte gegenüber dem angehörigen Bewohner die Zuwendung gegenüber anderen Bewohnern beschneiden. Solche externen Effekte beeinflussen individuelle Wahlentscheidungen nicht, weil diese externen Effekte nicht oder kaum in die Betrachtung des individuellen Wohlfahrtsniveaus eingehen.

Beim Tausch zwischen dem Geld des Verbrauchers und Hühnereiern an der Kasse des Supermarktes verursacht die Entscheidung des Verbrauchers für billigere konventionelle Eier negative externe Effekte, beispielsweise für die Nachbarn der Hühnerfarmen oder bei der Haltung der Hühner. Wenn diese Effekte vermieden werden sollen, müssen die Effekte deutlich gemacht, als negativ gekennzeichnet und Alternativen angeboten werden. Dies geschah in unserem Beispiel durch das Engagement von Tierschützern, durch Presseberichte über die Umstände der konventionellen Hühnerhaltung sowie durch das Angebot von Freilandeiern, zunächst durch Selbstvermarktung der Erzeuger, dann zunehmend auch im Handel. Zur Vermeidung des externen Effektes „überzüchtete, kranke Hühner in Massenbatterien und Geruchsbelästigung der Nachbarn" nehmen viele Verbraucher derzeit Wohlfahrtseinbußen, die durch die Verwendung von mehr finanziellen Mitteln zum Kauf von Bioeiern entstehen, hin, weil der Saldo für ihr individuelles Wohlfahrtsniveau trotzdem positiv ist.

So wie die Hühner in unserem Beispiel können auch Menschen von externen Effekten aus Wahlverhalten betroffen sein, das sie nicht zu verantworten haben. Die Neue Politische Ökonomie plädiert ebenso wie die klassische Finanzwissenschaft für die Internalisierung der externen Effekte, also für die Durchsetzung des Verursacherprinzips bzw. für eine Beteiligung der von externen Effekten Betroffenen am Zustandekommen der Entscheidung.

In diesem Sinne ist beispielsweise die Beteiligung von Heimräten bzw. den Bewohnern betreuter Wohnformen an der Entscheidung über Umfang und Form von Freizeitangeboten der Betreiber eine Form, die Wirkung externer Effekte zu vermindern bzw. diese erst gar nicht entstehen zu lassen.

2.2.2.3 ÖFFENTLICHE GÜTER

Ausschließlich individuelle Entscheidungen und individueller Tausch auf dem Markt führen jedoch noch nicht zu einer befriedigenden Bereitstellung von Gütern. Wer würde sich freiwillig an der Finanzierung von Straßen, des Bildungssystems, der Landesverteidigung oder der Jugendhilfe beteiligen? Individuelle Wohlfahrtskalküle führen nur dann zur Beteiligung an der Erstellung von Gütern, wenn gewährleistet ist, dass alle, die diese Güter nutzen können, sich ebenfalls an der Erstellung beteiligen. Dies gilt nicht, wenn es eine Möglichkeit gibt, als Trittbrettfahrer kostenfrei Güter zu nutzen, die andere erstellt haben.

Bei Gütern, deren Nutzung durch den Einzelnen auch dann möglich ist, wenn sich dieser Einzelne nicht an den Kosten der Erstellung dieses Gutes beteiligt hat, spricht man von Kollektivgütern. Es mangelt an Ausschlussmöglichkeiten, das für private Güter geltende Ausschlussprinzip versagt. Prominente Beispiele für Kollektivgüter sind die Landesverteidigung, Leuchttürme, aber auch weite Teile des Bildungssystems und die Jugendhilfe. Kollektivgüter können prinzipiell auch durch private Anbieter erstellt werden (Neumärker, 2003). So ist der Wohlfahrtszuwachs eines Mäzens, der ein Museum stiftet, positiv, gleichwohl auch Menschen, die sich nicht an der Erstellung des Museums beteiligt haben, dieses besuchen können. In der Regel werden Kollektivgüter jedoch mit kollektivem Zwang finanziert. Vom Entzug individuellen Entscheidungsspielraums, z.B., durch den Entzug von Einkommen durch höhere Steuern, sind auch jene betroffen, die sich gegen die Erstellung des Kollektivgutes gewandt haben.

So wurden vor wenigen Jahren zur Erstellung des Kollektivgutes „Stabilisierung des Rentenversicherungsbeitrages" die Steuersätze auf Energieträger erhöht. Die höheren Steuern müssen auch von jenen bezahlt werden, die sich aus den verschiedensten Gründen, z.B. weil sie eine tief greifende Reform der Rentenversicherung befürworten oder weil sie die notwendigen Mittel durch Einsparungen, also der reduzierten oder effektiveren Produktion anderer Kollektivgüter aufbringen wollten, gegen die Steuererhöhung ausgesprochen hatten.

Die Neue Politische Ökonomie versucht vom Standpunkt des Individuums, die Spannung zwischen individuellem Wohlfahrtskalkül und kollektivem Zwang zu analysieren und auszubalancieren. Dazu klärt sie auf der Grundlage von Tausch und individuellem Wohlfahrtskalkül u.a. die Entstehung und Nachfrage von Normen, von Moral und Vertrauen, die Legitimation kollektiver Entscheidungen, die Logik kollektiven Handelns sowie Aspekte von Demokratie, Demokratieverständnis und Institutionenwandel (vgl. u.a. Kirsch, 2004; Behrends, 2001).

Der von uns verwendete Begriff der sozialen Güter findet keine Entsprechung in der Neuen Politischen Ökonomie. Soziale Güter, also Güter, die dem Nachteilsausgleich von Personen oder Personengruppen dienen, können sowohl private als auch öffentliche Güter sein. So wird in einer Selbsthilfegruppe von Alkoholikern gemeinsam das private Gut „Erfahrungsvermittlung zur Bewältigung des Alkoholproblems" gegen die Mitwirkung an der Erstellung des Gutes getauscht. Angebote der Jugendhilfe sind dagegen Kollektivgüter, weil mit adäquaten Tauschobjekten ausgestattete Nachfrager zur Erstellung des privaten Gutes Jugendhilfe fehlen. Alternativ: Angebote der Jugendhilfe sind dagegen Kollektivgüter, weil die betroffenen Jugendlichen keine Nachfrage nach entsprechenden Angeboten entwickeln oder die Kosten der nachgefragten Angebote die Zahlungsmöglichkeiten der Jugendlichen übersteigen.

In jedem Fall handelt es sich beim Streben nach Ausgleich für benachteiligte Personen und Personengruppen bei der Ausübung ihrer Grundrechte um eine soziale Norm mit Kollektivgutcharakter. Damit soziale Normen entstehen, müssen diese überhaupt erst einmal individuell nachgefragt sein (vgl. dazu auch Coleman, 1994). Eine individuelle Nachfrage entsteht nur, wenn der Nachfrager damit sein Wohlfahrtsniveau steigern kann, d. h., der Nachfrager muss einen individuellen Nutzen aus der Etablierung und späteren Einhaltung der gesellschaftlichen Norm ziehen können. Damit dies überhaupt geschehen kann, richtet sich die Nachfrage nicht nur auf die angestrebte gesellschaftliche Norm an sich, sondern ebenfalls auf weitere potenzielle Nachfrager nach dieser gesellschaftlichen Norm sowie auf Mechanismen, die Verstöße gegen die angestrebte Norm sanktionieren.

So fußt beispielsweise die gesellschaftliche Norm der Anerkennung behinderter Menschen als vollwertige Mitglieder unserer Gesellschaft auf der individuellen Nachfrage der Betroffenen nach dieser Norm. Durch die Sensibilisierung von Angehörigen und Familien verstärkte sich die entsprechende Nachfrage und führte schließlich zu einem tief greifenden gesellschaftlichen Wandlungsprozess im Umgang mit behinderten Menschen, in der Umgangssprache u. a. ausgedrückt durch die Verwendung des Begriffes „behinderter Mensch" statt „Behinderter" oder durch die Umbenennung der „Aktion Sorgenkind" in „Aktion Mensch". Parallel dazu wurden die öffentliche Förderung ausgebaut und Sanktionen entwickelt, die bei Verstößen gegen die soziale Norm der „Gleichbehandlung behinderter Menschen" zur Anwendung kommen. Diese Sanktionen reichen von der Zurechtweisung bei ungebührlichem Verhalten gegenüber behinderten Menschen durch Eltern oder Passanten bis hin zu strafrechtlichen Tatbeständen.

Damit wird jedoch kollektiver Zwang gegen jene ausgeübt, die sich gegen eine soziale Norm der Anerkennung behinderter Menschen entschieden hätten bzw. gegen jene, die unfreiwillig über Steuern zur Mitfinanzierung der Erstellung des Kollektivgutes „Gleichbehandlung behinderter Menschen" herangezogen werden und denen damit ihr individuelles Wohlfahrtsniveau gesenkt wurde.

Aus der Perspektive der Neuen Politischen Ökonomie bedarf kollektiver Zwang immer einer Legitimation, egal ob dieser kollektive Zwang in Form einer Diktatur oder eines freiheitlich-demokratischen Rechtsstaates daherkommt. Gleiches gilt für die Verwirklichung sozialer Ideen mit Kollektivgutcharakter bzw. von sozialen Ideen, die auf die öffentliche Subventionierung zur Akzeptanzsteigerung angewiesen sind. In beiden Fällen wird Zwang gegen jene ausgeübt, die diese sozialen Ideen nicht teilen bzw. für deren Umsetzung nicht bereit sind, die Kosten in entsprechender Höhe zu tragen. Können sich die Befürworter der sozialen Idee mit Kollektivgutcharakter nicht mit der Forderung durchsetzen, das Kollektivgut tatsächlich auch zu erstellen, bedeutet dies nicht notwendigerweise das Aus für diese Idee. Durch die Vereinigung der an der Idee Interessierten kann diese Idee in diesem Kreis als privates Gut erstellt werden. Allerdings werden die Ressourcen, die zur Erstellung des Gutes führen, dann nur noch durch die Mitglieder der Vereinigung aufgebracht. Beispiele dafür sind karitativ tätige Vereine, jedenfalls dann, wenn diese keine Alimentierung (auch nicht in Form von Steuervorteilen) seitens der öffentlichen Hand erfahren.

Wann kann sich nun eine soziale Idee durchsetzen? Zunächst wird die neue soziale Idee nur von wenigen Individuen nachgefragt. Sehr wahrscheinlich ist es, dass die Kosten des sozialen Gutes die Nachfrage übersteigt, d.h., bei Erstellung des sozialen Gutes wäre das individuelle Wohlfahrtskalkül aller Nachfrager negativ. Die Erstellung unterbleibt. Die Individuen, welche einen deutlichen Wohlfahrtsgewinn realisieren könnten, wenn das soziale Gut erstellt würde, werden jedoch versuchen, weitere Individuen als Nachfrager zu gewinnen. Gestaltet sich die Gewinnung neuer Nachfrager schwierig, müssen also viele Ressourcen aufgewandt werden, in deren Folge das Wohlfahrtsniveau der Individuen deutlich sinkt, wird die Gewinnung neuer Nachfrager im Sand verlaufen. Das soziale Gut wird nicht erstellt. Ist die Gewinnung neuer Nachfrager dagegen erfolgreich, kann die Schwelle überschritten werden, an dem die Erstellung des sozialen Gutes als privates Gut zu einem Wohlfahrtsgewinn bei allen an der Erstellung beteiligten führt (vgl. zur Differenzierung nach Gruppengrößen Olsen, 1965). Konkret: Die Idee der Tafeln wurde von wenigen Aktivisten so lange propagiert, bis genügend Unterstützer vorhanden waren, das private Gut „Tafeln für Hilfsbedürftige Menschen" zu erstellen. Bei den Unterstützern der Tafel erhöhte sich das individuelle Wohlfahrtsniveau beispielsweise durch das Gefühl des Gebrauchtseins im Verein, die öffentliche Anerkennung sowie der Dankbarkeit der Hilfsbedürftigen.

Wenn das Ausschlussprinzip nicht gilt, d.h. alle Menschen, egal ob sie sich bei den Tafel-Vereinen engagieren oder nicht, vom Gefühl des Gebrauchtwerdens, von der öffentlichen Anerkennung und von der Dankbarkeit der Hilfsbedürftigen profitieren würden, wären die Protagonisten der Idee der Tafeln dafür eingetreten, alle zur Erstellung des sozialen Gutes heranzuziehen. Im Falle des so entstandenen Kollektivgutes geht es dann nicht nur um die betriebswirtschaftlich effektive Erstellung eines Gutes, sondern auch um die Schaffung und Aufrechterhaltung kollektiven Zwangs einschließlich der damit verbundenen Sanktionsmechanismen.

2.2.2.4 ANWENDUNG AUF SOZIALE GÜTER

In Hinblick auf die Erstellung sozialer Güter kann zunächst festgehalten werden:

1. Bei Nachfrage nach einem sozialen Gut kann dieses Gut
   a) überhaupt nicht,
   b) als privates Gut oder
   c) als Kollektivgut
   erstellt werden.
2. Voraussetzung zur Erstellung eines privaten Gutes ist das Vorhandensein des Ausschlussprinzips, nach dem nur die Ersteller des Gutes vom erstellten Gut profitieren.
3. Gilt das Ausschlussprinzip nicht, ist nicht damit zu rechnen, dass das betreffende Gut über eine reine Marktlösung, also als privates Gut, angeboten wird.
4. Wenn ein privater Anbieter ein soziales Gut produziert, gelten für ihn ökonomische Kriterien. Die Erlöse aus dem sozialen Gut müssen mindestens die Ausgaben, die zur Erstellung des sozialen Gutes notwendig waren, decken.
5. Bei der Erstellung eines sozialen Gutes als Kollektivgut ist zusätzlich zur unmittelbaren Erstellung des Gutes die Legitimierung des kollektiven Zwangs einschließlich der entsprechenden Sanktionsmechanismen ständig zu reproduzieren.

Wir haben gesehen, dass soziale Güter mit Kollektivgutcharakter nicht automatisch erstellt werden. Daneben kann bei privat erstellten sozialen Gütern die Nachfrage nach diesen Gütern durch den Einsatz von öffentlichen Subventionen angeregt werden. In diesem Fall spricht man von „meritorischen Gütern". So sind beispielsweise der öffentliche Nahverkehr oder die Opernaufführung meritorische Güter, da öffentliche Subventionen die Erstellung des Gutes zu den jeweiligen Eintritts- bzw. Fahrpreisen überhaupt erst möglich machen.

Zur Erstellung eines Kollektivgutes bzw. zur Subventionierung eines privaten Gutes bedarf es einer entsprechenden Entscheidung. Diese Entscheidung ist eine Entscheidung zur Ausübung von Zwang gegenüber denen, die die Erstellung des Kollektivgutes bzw. die Subventionierung ablehnen. Daher ist ebenso mit Widerstand zu rechnen wie bei der Rückführung von Subventionen bzw. der Einstellung der Produktion von Kollektivgütern. Unter den Bedingungen einer indirekten Demokratie entscheiden die gewählten Repräsentanten über die Subventionierung von Gütern. Diese Repräsentanten sind ihrerseits bestrebt, ihr individuelles Wohlfahrtsniveau zu steigern. Zu dem sich daraus ergebenden Verhältnis von dem gewählten Politiker und den Bürgern hat die Institutionsökonomik insbesondere mit ihrem Principal-Agent-Ansatz (vgl. Kapitel 2.2.1.2) entscheidende Aspekte beigetragen.

Die Neue Politische Ökonomie weist darauf hin, dass die Bürger ihre Präferenzen und Kollektivbedürfnisse nicht alle unmittelbar wahrnehmen, sondern in parallelen Wahlzügen jeweils separate Bedürfnisse in unterschiedlichen Zusammenhängen in die politische Willensbildung oder in unterschiedliche Gruppen einbringen. Als Mitglied des Roten Kreuzes, der Gewerkschaft, der örtlichen Bürgerinitiative sowie als Unterstützer von Amnesty International und des lokalen Tierheims sucht Herr Meier jeweils unterschiedliche Bedürfnisse zu befriedigen bzw. durchzusetzen. Frau Lehmann unterstützt den Karneval- und den Sportverein, hat eine Patenschaft für ein Kind bei UNICEF abgeschlossen und ist Mitglied in einem Verein, der die Erdbebenopfer in Pakistan unterstützt. Frau Lehmann und Herr Meier haben ein Optimalkalkül für ihr individuelles Engagement angestellt, das die Auswirkungen des einen relativ zum anderen Engagement berücksichtigt. In den jeweiligen Institutionen wird jedoch dieses Optimum nicht mehr berücksichtigt, das Ziel der Institution wird nicht relativiert, sondern verabsolutiert. Die Institutionen entscheiden, anders als Frau Lehmann und Herr Meier, so, als gäbe es nur ein Ziel.

Zwar tragen solche parallelen Wahlzüge zur Entlastung des Staates bei, weil Konflikte innerhalb und zwischen den verschiedenen Institutionen und nicht innerhalb des gesamtgesellschaftlichen Kollektivs, des Staates, ausgetragen werden. Allerdings steigt damit auch der Einfluss organisierter Interessengruppen. Dies hat auch in Hinblick auf soziale Güter folgende Nachteile: Es gibt keinen Zusammenhang zwischen der Organisierbarkeit von Interessen und dem individuellen Wohlfahrtskalkül. Daher ist zu erwarten, dass die Durchsetzung organisierbarer Interessen zu keiner optimalen Wohlfahrtsallokation führt. Völlig vernachlässigt werden Interessen, die nicht organisierbar sind, und Interessen, deren Träger nicht in der Lage sind, diese Interessen zu organisieren. Nicht organisierbar sind Interessen vor allem dann, wenn Repressionen oder gesellschaftliche Normen die Interessenorganisation behindern, wie beispielsweise jüdische Interessen im Nationalsozialismus oder in jüngster Vergangenheit die Artikulation der Legalisierung von Abtreibungen bzw. homosexuelle Partnerschaften. Dagegen sind die Interessen der Obdachlosen prinzipiell organisierbar, der soziale Status und die soziale Kompetenz der Betroffenen reichen jedoch oft nicht aus, diese Interessen zu organisieren. Ob andere Gruppen in einem solchen Fall die Interessen organisieren sollen, ist unter verschiedenen Gesichtspunkten, beispielsweise der Durchsetzung der Interessen oder der Entmündigung der Interesseninhaber unterschiedlich zu beantworten (vgl. Kapitel 7).

Allgemein kann jedoch gelten: Je stärker der Staat verteilungspolitisch aktiv ist, desto lohnenswerter ist die Beeinflussung staatlicher Entscheidungen zugunsten der eigenen Interessen. Je erfolgreicher es Organisationen gelungen ist, staatliche Entscheidungen zu ihren Gunsten zu beeinflussen, desto notwendiger sind Einflussnahme seitens anderer Organisationen. In diesem Wettlauf ist die parlamentarische Demokratie in Gefahr, zu einer Verbandsdemokratie zu degenerieren. Um

– soziale Güter mit Kollektivgutcharakter erstmalig zu erstellen,
– private Gütern zu meritorisieren,
– die Erstellung sozialer Güter mit Kollektivgutcharakter zu sichern sowie
– meritorische soziale Güter zu bewahren,

bedarf es der Organisation entsprechender Interessen und der Einflussnahme auf den Staat. Gemeinsame Interessen sind möglichst kompakt zu organisieren, entsprechenden Wohlfahrtskalkülen von Vertretern der politischen Klasse anzupassen und gegenüber konkurrierenden Ansprüchen dauerhaft zu legitimieren.

2.2.1 Hinweise aus dem Qualitätsmanagement

2.2.1.1 Zum Begriff Qualität

Der ökonomische Qualitätsbegriff hat seine Wurzeln in der philosophischen Kategorie „Qualität" (poión), die auf Aristoteles zurückgeführt werden kann. Aristoteles versteht unter „Qualität" die unterscheidende „Beschaffenheit des Gegenstandes" (Aristoteles, 1907, S. 305). Qualität sei dasjenige, das „die unterscheidende Bestimmtheit des Wesens ausmacht" (Aristoteles, 1907, S. 305). Die schon bei Aristoteles angelegte Unterscheidung zwischen der Qualität als Wesensunterschied und der Qualität als „Bestimmung der der Bewegung unterworfenen Gegenstände" (Aristoteles, 1907, S. 305) wird von Demokrit, Galilei und Descartes ausgebaut und findet bei Locke als Unterscheidung zwischen objektiven primären und subjektiven sekundären Qualitäten ihre weitere Fortsetzung. Während Locke, Berkeley, Hume und Leibnitz die Bestimmung von Qualität an die Sinne koppeln, weist Kant darauf hin, dass mit jeder Bestimmung von Qualität eines Dinges zugleich eine Entscheidung darüber verbunden ist, was dieses Ding nicht ist. Qualität ist nach Kant damit eine Art Schema unseres subjektiven Verstandes, mit deren Hilfe Erfahrungen strukturiert werden können (vgl. Kant, 1977). Ergänzend zu Kant stellt Hegel auf die Wechselwirkungen ab, die die Qualitäten eines Dinges in Bezug auf die Qualitäten eines anderen Dinges sowie hinsichtlich des Bezugssystems entfalten (vgl. Hegel, 1979). Festzuhalten bleibt, dass die philosophische Prägung der Kategorie „Qualität" im alltagssprachlichen Umgang zum Verständnis von Qualität als Summe der Wesensmerkmale eines Dinges geführt hat, das der Beurteilung eines Subjektes auf der Grundlage seines konkreten subjektiven Bezugssystems unterliegt.

Die Rezeption des philosophischen Qualitätsbegriffs in frühen ökonomischen Zusammenhängen erfolgte mit Bezug auf materielle

Güter. Qualität wurde dabei bis ins 19. Jahrhundert im Alltagsgebrauch im Sinne von „Eigenschaft" und „Beschaffenheit" benutzt. Dabei spielte die philosophisch begründete subjektive Gebundenheit der Qualitätsbeurteilung keine Rolle, weil die Konstitution des Marktes als Verkäufermarkt subjektive Qualitätsbeurteilungen zwar zuließ, diese jedoch ohne ökonomische Folgen auf die Hersteller der materiellen Güter blieben, da die Nachfrage das Warenangebot deutlich überschritt.

Darüber hinaus war die Qualität eines Gutes stark an die herstellende Person gebunden. Jeder Handwerksmeister zeichnete für die Eigenschaften seines Produktes verantwortlich, geringe Betriebsgrößen ermöglichten einen ganzheitlichen Erstellungsprozess.

Die Zerlegung der Arbeitsprozesse im Zuge der Industrialisierung emanzipierte den Einzelnen weitgehend von der Verantwortung an der Beschaffenheit und den Eigenschaften des immer komplexer werdenden Endproduktes. Kontrolleure, später in Endkontrollen institutionalisierte Prüfer sollten bis in die 50er Jahre des vorigen Jahrhunderts in Deutschland den entstandenen Zielkonflikt von Mengenleistung und Qualitätsleistung überbrücken. Mit statistischen Prüfverfahren, Prozess begleitenden Prüfungen und der Institutionalisierung von Normungsprozessen wurde in der zweiten Hälfte des 20. Jahrhunderts versucht, dem wohl gravierendsten Wandel in Bezug auf Qualitätsanforderungen zu begegnen: dem Wandel vom Anbieter- zum Käufermarkt. Welche Qualitätsanforderungen ein Produkt erfüllen muss, wurde nicht mehr vom Hersteller produktbezogen definiert, sondern über den Markt vermittelt vom Kunden gefordert. Die Erwartung an die Produkte bezog sich bald nicht mehr nur auf den Preis und die Gebrauchseigenschaften, sondern auch auf geschmacksabhängige Komponenten wie Form, Aussehen und Prestige des Produktes. Das Konsumentenverhalten auf Käufermärkten kann somit als Bestätigung einer langen Folge philosophischer Überlegungen zur Kategorie „Qualität" interpretiert werden.

Die Individualisierung von Lebensstilen und gesellschaftlicher Wertewandel sprengen immer wieder vormals homogene Kundengruppen und führen zu einer weiteren Zerfaserung der Qualitätsansprüche der Kunden. Die Hersteller begegneten diesem Trend mit Qualitätsmanagementsystemen, die mit einer Fokussierung auf Kunden und Kundenwünsche einhergehen. Im Mittelpunkt stand die Erkenntnis, dass der Kunde durch seine Kaufentscheidung bestimmt, ob das Produkt in seiner Gesamtheit dem Qualitätsanspruch des Kunden genügt. Dieser Qualitätsanspruch konstituiert sich individuell aus der Zwecksetzung und der Nutzenserwartung an das konkrete Produkt, wobei Werbebotschaften, Produktvergleiche und Urteile anderer Orientierungshilfen bieten können. Folgerichtig versuchen neuere Qualitätsmanagementsysteme wie „Total Quality Management" unter einem ganzheitlichen Ansatz stabile interne Voraussetzungen in der Herstellungskette von Produkten zur Sicherstellung angestrebter Qualität zu erreichen (vgl. u.a. Zink, 1995; George/Weimerskirch, 1998; Engelhardt, 2001). Auch die Zertifizierungen entsprechend DIN EN ISO 9000 ff. beurteilen nicht die Qualität des Produktes, sondern den Erstellungsprozess, der bestimmte Merkmale aufweisen muss, um die herstellerdefinierten Qualitätsziele permanent erreichen zu können (vgl. Deutsches Institut für Normung, 2000a, 2000b, 2000c).

2.2.1.2 QUALITÄT VON DIENSTLEISTUNGEN

Schon die Schwierigkeiten bei der Übertragung und Anwendung der EN ISO 9000 ff. auf Dienstleistungen (beispielhaft für die betriebliche Bildung: Falk, 2000, S. 556ff. sowie für berufliche Weiterbildungsangebote: Grilz, 1998, S. 9f.) verweisen auf grundlegende Unterschiede bei der Konstitution von Qualität zwischen Gütern mit hohem materiell austauschbaren Anteilen und Gütern mit überwiegend immateriell-unverwechselbaren Anteilen (vgl. Kapitel 1.4.1).

Die Entstehungsbedingungen von Dienstleistungen beinhalten eine Reihe von Fehlerquellen, die die Beurteilung der Qualität durch den Kunden nachhaltig beeinflussen. Dabei sind zu nennen:

- Schwierigkeiten beim Erfassen der Kundenwünsche,
- Übertragung der Kundenwünsche in unternehmens- bzw. organisationsinterne Spezifikationen,
- Abweichung der erstellten Leistung von den internen Spezifikationen,
- Fehlerhafte Vermittlung der erstellten Leistung gegenüber dem Kunden und

– Differenz zwischen erwarteter Leistung und erhaltener Leistung beim Kunden (vgl. Zeithaml/Parasuraman, 1992).

Während sich bei materiellen Gütern der Kunde für ein bereits erstelltes Produkt entscheidet, ist der Ersteller immaterieller Güter vor die Aufgabe gestellt, die individuell verschiedenen, mehr oder weniger diffusen und unartikulierten Kundenwünsche in seine Leistungserstellung aufzunehmen. Neben den daraus resultierenden Schwierigkeiten eröffnet dies aber auch Chancen: Der Kunde kann ein immaterielles Gut auch nach der Erstellung erwartungsadäquat interpretieren, der Ersteller hat die Möglichkeit, den Kunden bei dieser Interpretationsleistung zu unterstützen.

Insgesamt ergibt sich aus der meist sehr individuellen Leistungserstellung immaterieller Güter, den erheblich größeren Interpretationsspielräumen in Bezug auf Zwecksetzung und Nutzenserwartung bei den Kunden und den schwieriger zu bestimmenden Standards bei der Leistungserstellung eine deutlich größere Heterogenität des Leistungsangebotes.

2.2.1.3 Qualität sozialer Güter

Die Übertragung der Bedeutungsinhalte der ökonomischen Kategorie „Qualität" auf soziale Güter ist an eine Reihe von Voraussetzungen gebunden. Welche Voraussetzungen sind das?

Die Zuschreibung von Eigenschaften, von „Qualitäten", gleich welcher Ausprägung, setzt das Vorhandensein eines Trägers dieser Eigenschaften voraus. Das Gut bzw. die Dienstleistung als Träger erhält die Eigenschaftszuschreibung seitens der Nachfrager immer vor dem Hintergrund des jeweils individuellen Bezugssystems. Werden nunmehr Qualitätsbeurteilungen der Nachfrager durch die Produzenten zur Anpassung der Produkteigenschaften bzw. zur Erstellung eines neuen Produktes herangezogen, müssen die der Qualitätsbeurteilung zugrunde liegenden Bezugssysteme erkennbar sein und sich sinnvoll voneinander unterscheiden lassen.

Bei materiellen Gütern sind die Bezugssysteme der Nachfrager, auf deren Grundlage die individuelle Zuschreibung von Qualität erfolgt, in der Regel für Dritte offenkundig.

Beim Kauf eines Hammers erwirbt der Nachfrager einen Gegenstand, der über die Eigenschaft verfügt zu helfen, Nägel in Gegenstände einzuschlagen. Diese Eigenschaft fungiert als Bezugssystem für die allermeisten Qualitätsbewertungen, obwohl natürlich noch andere Bezugssysteme, wie beispielsweise die Eigenschaft des Hammers zum Einschlagen von Fensterscheiben denkbar sind. Schwieriger wird die Offenheit des Bezugssystems mit steigendem immateriellen Anteil am Gesamtprodukt. So kann bei der Qualitätsbeurteilung eines Friseurbesuches beispielsweise sowohl die gewünschte Herrichtung der Haare als auch die Informationsfülle des Gesprächs mit dem Personal als Bezugssystem für die individuelle Qualitätsbeurteilung herangezogen werden.

Bei sozialen Gütern handelt es sich überwiegend um ein Gut mit sehr großem immateriellen Anteil. Soziale Güter sind bei der Qualitäts-beurteilung oft einer größeren Anzahl von individuell unterschiedlichen Bezugssystemen ausgesetzt, die sich durch die verschiedenen Perspektiven der Einfluss nehmenden Gruppen (z.B. Betroffene, Angehörige, Staat, Öffentlichkeit, Kostenträger) noch potenzieren. So sind beispielsweise schon aus Sicht der Bewohnerin eines Altenheimes eine ganze Reihe von individuellen Bezugssystemen denkbar, von denen nur einige offenkundig sind. Solche Bezugssysteme können beispielsweise sein:

– Zuwendung seitens des Personals,
– Infrastruktur im Heim,
– soziale Zusammensetzung der Heimbewohner,
– Lage des Heimes,
– Auskunftsbereitschaft der Mitbewohner,
– Grad der Aufrechterhaltung der persönlichen Unabhängigkeit,
– Möglichkeiten zur Teilhabe an gesellschaftlichen Veranstaltungen im Haus und außerhalb.

Insgesamt bleibt festzuhalten, dass die individuellen Bezugssysteme zur Beurteilung von Qualität sozialer Güter sehr heterogen und nicht offenkundig sind. Oftmals liefern Versuche zur Erfassung dieses individuellen Anspruchsniveaus z.B. durch Befragungen nur lückenhafte und zeitlich beschränkte Hinweise auf den Qualitätsanspruch der Verbraucher sozialer Güter.

Dies ist nicht überraschend, denn ein Qualitätsanspruch setzt eine hinreichende Vorstellung der Nachfrager voraus, was die Dienstleistung an Gebrauchseigenschaften beinhalten sollte. Viele Verbraucher sozialer Güter verfügen jedoch gerade nicht über entsprechende sachgerechte Vorstellungen. Sind Kunden von sozialen Beratungsangeboten tatsächlich in der Lage, die Möglichkeiten dieses sozialen Gutes hinsichtlich ihrer persönlichen Umstände sachgerecht zu beurteilen? Sind die wenig positiven Auswirkungen einer medizinischen Therapie auf die Qualität der Therapie oder auf das individuelle Krankheitsbild zurückzuführen? Ist die Abnahme des Gewaltpotenzials von Jugendlichen tatsächlich auf die Qualität der pädagogischen Intervention zurückzuführen? Welche Qualitätsmaßstäbe legen Jugendliche an, die sich solchen Maßnahmen gegenübersehen?

Qualitätsmaßstäbe der Verbraucher sind für Produzenten von Gütern nur dann handlungsleitend, wenn die Bewertung von Produkten und Dienstleistungen mit Kaufentscheidungen verbunden sind, die wiederum ökonomische Auswirkungen auf den Produzenten haben. Diese ökonomischen Auswirkungen können beim erstmaligen Kauf durch die Wahl eines Konkurrenzproduktes sowie beim Wiederholungskauf durch den Wechsel zu einem Konkurrenzprodukt bzw. zu einem Substitutionsprodukt erfolgen. Bei sozialen Gütern fehlt oftmals die unmittelbare ökonomische Bindung zwischen Produzent und Konsument, beispielsweise im Bereich der gesetzlichen Krankenversicherung. Häufig hat der Konsument sozialer Güter auch keine Entscheidungsfreiheit zur Wahl des sozialen Gutes, da dieses gesetzlich reglementiert wird, wie beispielsweise bei Beratungsleistungen des Sozialamtes. In diesem Fall besteht weder eine ökonomische Abhängigkeit des Sozialamtes vom Empfänger des sozialen Gutes noch die Möglichkeit zur Wahl des Produzenten der Dienstleistung „Beratung" durch den Empfänger. In diesem speziellen Fall wird sogar die Grundlage der Bestimmung von Qualität umgekehrt. Nicht der Verbraucher sanktioniert mit seinem Verhalten den Produzenten des Gutes, sondern der Produzent könnte sogar den Verbraucher ökonomisch sanktionieren.

Letztlich ist die Qualität eines sozialen Gutes wie jede andere Dienstleistung an die Mitwirkung des Nachfragers gebunden. Erfolgt diese Mitwirkung nicht im notwendigen Umfang, ist die angestrebte

Qualität der Dienstleistung seitens des Erstellers nicht mehr zu erreichen. Dies gilt insbesondere für soziale Dienstleistungen, deren Erstellungsprozess mitunter ohne Mitwirkung oder sogar gegen den Widerstand der Verbraucher erfolgen muss.

Beispielsweise ist dies dann der Fall, wenn pflegebedürftige alte Menschen gegen ihren Willen oder nur aus Einsicht in die Notwendigkeit in Pflegeheimen betreut werden.

Zusammenfassend kann festgehalten werden, dass die Übertragung von Ansätzen des Qualitätsmanagements auf soziale Güter auf systematische Schwierigkeiten stößt. Zwar gibt es zahlreiche Versuche, Qualitätsmanagement für soziale Güter nutzbar zu machen (z.B. Peterander/Arnold, 2004; Busse/Reihle, 2003; Merchel, 2004), ohne jedoch vergleichbare Wirkungstiefen wie bei materiellen Gütern oder einfach strukturierten Dienstleistungen zu erreichen. Dies hat in Hinblick auf das Sozialmarketing die Konsequenz, dass Marketingansätze mit Bezug auf die Qualität eines sozialen Gutes relativ selten sind.

2.3 SOZIALMANAGEMENT

Soziale Dienstleistungen werden meist in einem organisatorischen Rahmen erstellt, wie immer dieser aussieht. Insofern ist eine funktionierende Organisationsstruktur unablässig, soll eine soziale Dienstleistung dauerhaft erbracht werden. Das Sozialmanagement untersucht hierbei, welche organisatorischen und personellen Bedingungen erfüllt sein sollten, um dieses zu erreichen. Bereits Anfang der 60er Jahre des letzten Jahrhunderts wurde die Diskussion geführt, ob die Führungs- und Leitungsaufgaben von Profit-Unternehmen auf öffentliche Organisationen übertragen werden können (vgl. Maelicke, 2003). Später wurden weitere Bereiche thematisiert wie z.B. Fragen der personenorientierten Führung, Motivation, Zielsetzung und Struktur der Organisation. Im heutigen Verständnis beinhaltet Sozialmanagement diejenigen Managementfunktionen, die für das Management von sozialen Organisationen notwendig sind. Hierbei sind insbesondere Aspekte der Betriebswirtschaft, der Finanzierung sozialer Organisationen, die Leitbild- und Konzeptentwicklung, die Organisations- und Personalentwicklung, das Projektmanagement und andere Teildisziplinen des Managements betroffen (vgl. Merchel, 2001.) So ist auch der Marketinggedanke in sozialen Organisationen verstärkt in das Blickfeld gerückt.

Das (Selbst-)Verständnis des Sozialmanagements in sozialen Organisationen war dabei in den letzten Jahren einem starken Wandel unterworfen. So führt Merchel (2001) an, dass ein Wandel vom Sozialen hin zum Betriebswirtschaftlichem erfolgte. Die stärkere Wirtschaftlichkeitsorientierung ist vor allem in zwei Bereichen zu beobachten, „zu einer stärkeren Ausrichtung an Fragen der ökonomischen Steuerung (Kostenkalkulation, Kostensenkung, Controlling etc.) und zu einer stärkeren Reflexion der Erfordernisse in den Außenbezügen der Einrichtung (Konkurrenz, Gestaltung der sozialpolitischen Rahmenbedingungen, stärkere Ausrichtung an marktorientierten Mechanismen etc.)" (Merchel, 2001, S. 25).

Insofern beinhaltet Sozialmanagement die klassischen Managementinhalte von Profit-Organisationen, jedoch kommen aufgrund der Besonderheiten des Sozialsektors weitere Themenstellungen hinzu:

der soziale Charakter der Dienstleistung, der besondere Bezug auf die rechtlichen Rahmenbedingungen sozialer Organisationen oder der mehrdimensionale Kundenbegriff etc.

Die Spannungen, die soziale Organisationen im Managementprozess erleben, ergeben sich aus der noch oft anzutreffenden Aufgabenverteilung: Auf der einen Seite stehen in Leitungsverantwortung Personengruppen (z.B. Sozialarbeiter, Pädagogen, Psychologen), die keine oder geringe Managementkenntnisse besitzen. Auf der anderen Seite nehmen diese Aufgaben Personen wahr (z.B. Juristen oder Betriebswirte), die keinen näheren Bezug zum Sozialbereich haben. Daher resultieren in den letzten Jahren neue Ausbildungsgänge auf unterschiedlichen Ebenen (Kurse, Studiengänge etc.), die versuchen, diese Kenntnis- und Verständnislücken zu schließen.

In späteren Kapiteln wird auf einzelne Aspekte dieser Konfliktbereiche näher eingegangen, so im Kapitel Personalpolitik, Organisationskultur und ethische Aspekte des Sozialmarketings.

3. Grundlagen des Sozialmarketings

3.1 Vom kommerziellen Marketing zur Gestaltung von Austauschprozessen

Der Marketingbegriff ist über hundert Jahre alt und wurde ursprünglich im englischsprachigen Raum verwendet. Gemeint war „etwas auf den Markt bringen". Die Auffassungen über den Begriff des Marketing haben sich in den letzten Jahrzehnten grundlegend gewandelt. Wurde der Marketinggedanke früher ausschließlich auf kommerzielle Organisationen übertragen, ist seit Anfang der 1970er Jahre eine sukzessive Ausweitung der Konzeptionen auf den öffentlichen und auch auf den Non-Profit-Sektor zu beobachten (vgl. u.a. Kotler, 1978; Raffée, 1976). Kotler berichtet u.a. über erste Beispiele der Anwendung von Marketingkonzeptionen im Sozialbereich (Kotler, 1978, S. 341 ff). Wurden früher einzelne Marketingkonzeptionen eher wahllos auf den nicht kommerziellen Bereich übertragen, so finden sich heute differenziertere Ansätze im Gesamtbereich des öffentlichen und des Non-Profit-Bereichs. Zugleich entstanden Anfang der 1980er Jahre grundlegende Überlegungen zum Thema Dienstleistungsmarketing.

Das Einbeziehen des Dienstleistungsmarketings markiert einen wichtigen Schritt für das heutige Verständnis von Sozialmarketing, da fast sämtliche Leistungen, die im Sozial- oder Gesundheitsbereich erbracht werden, Dienstleistungen darstellen (vgl. z.B. Knorr/Scheibe-Jaeger, 2002, S. 157f.). Dienstleistungen unterscheiden sich aber grundlegend von Produkten (vgl. Meffert/Bruhn, 2003), und dies hat elementare Auswirkungen auf das Marketing von nicht materiellen Leistungen.

Um ein Verständnis der besonderen Mechanismen des Marketings und damit auch des Sozialmarketings zu erlangen, sind fundamentale Grundzüge des Marketings aufzuzeigen sowie dessen Entwicklungs-schritte zu skizzieren, beginnend von Marketing als Absatzpolitik bis hin zu neuen Auffassungen, die weit über diesen ursprünglichen Kern hinausgehen (vgl. Hermanns/Glogger, 1998). Diese elementar neuen Ansätze im Marketing veranlassen Ramme von einem „Paradigmen-wechsel" (Ramme, 2004, S. 3) im Marketing zu sprechen.

Eine der ältesten Auffassungen stellt Marketing als Absatzpolitik eines Unternehmens dar (vgl. u.a. Hermanns/Glogger, 1998). Absatz umfasst dabei alle unternehmenspolitischen Entscheidungen, die einer Optimierung der marktlichen Verwertung vor allem von Gütern zum Ziel hat. Zentrale Inhalte für die Gestaltung des Marketings sind die Fakto-ren Preis, Produkt, Kommunikation und Vertrieb. Die innerbetriebliche Abstimmung und Gewichtung dieser absatzpolitischen Instrumente bezeichnet man auch als den Marketingmix (u.a. Ramme, 2004) oder – auf Englisch – die vier Ps (price, promotion, place, product).

Eine weiter gefasste Definition kennzeichnet den Ansatz des Mar-ketings als marktorientierte Unternehmensführung. Hierbei werden alle betrieblichen Funktionen in die Marketingüberlegungen einbezogen, besonders innerbetriebliche Funktionen wie Personal, Beschaffung und Produktion. Weitere Kennzeichen dieser Konzeption sind die konsequente Kunden- und Wettbewerbsorientierung. Durch diesen Außenbezug werden neue Perspektiven eröffnet. So können neben binnenbezogenen Marketingaktivitäten – den organisationsinternen Faktoren – organisationsexterne Aktivitäten betrachtet werden.

Im Unterschied zu anderen Ansätzen ist die Konzeption „Marketing als Gestaltung von Austauschprozessen" (Kotler, 1989, S. 16) ganz

allgemein gefasst. Sowohl Austauschprozesse als auch Austauschbeziehungen stehen im Mittelpunkt der Gestaltung, wobei nicht nur reine
Wirtschaftsbetriebe betrachtet werden können (vgl. Raffée et al., 1994).
Im externen Rahmen sind Bereiche wie Absatz- und Beschaffungsmarkt
und die breite Öffentlichkeit angesprochen. Wird internes Marketing
betrieben, betrifft dies die Gestaltung von Austauschprozessen auf
organisationsinterner Ebene, wobei vor allem die Ausgestaltung von
Personenbeziehungen angesprochen ist.

Aufgrund ihrer Breite lässt sich diese Definition auch auf Dienstleistungsunternehmen sowohl im erwerbswirtschaftlichen Sinne als auch
im Non-Profit-Sektor übertragen. Austauschprozesse und -beziehungen
als Grundlage des Marketings unterliegen somit keiner Unternehmens-
form und erlauben die Übertragung bekannter Marketingprozesse
und Marketinginstrumente auf alle Organisationsformen, seien sie
profitorientiert oder nicht.

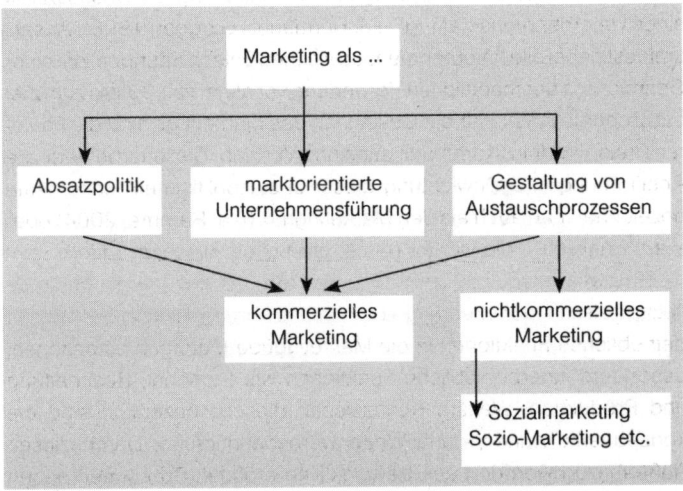

*Abbildung 3-1: Entwicklung des Marketing (nach: Hermanns/Glogger, 1998,
S. 7)*

3.2 SOZIALMARKETING – VERSUCH EINER BEGRIFFSBESTIMMUNG

Die Idee eines separierten Sozialmarketings als Unterschied zum klassischen Marketing ist erst in den 60er Jahren des letzten Jahrhunderts entstanden und hat seither inhaltliche Veränderungen erfahren. Hier eine kurze Übersicht über die Inhalte der Definitionen zum Sozialmarketing.

Kotler beispielsweise zielt vor allem auf das Ideenmarketing ab. Sozialmarketing ist demnach „die Planung, der Einsatz und die Kontrolle von Programmen zur Beeinflussung der Akzeptanz von sozialen Vorstellungen, in die Überlegungen zur Gestaltung des Produkts, des Preises, der Kommunikation, des Vertriebs und der Marketingforschung eingehen" (Kotler zitiert nach Krzeminski/Neck, 1994, S. 13). Kotler führte diese Definition später noch differenzierter aus, indem er Sozialmarketing folgendermaßen definiert: „Social marketing is the use of marketing principles and techniques to influence a target audience to voluntarily accept, reject, modify, or abandon a behavior for the benefit of individuals, groups, or society as a whole" (Kotler et al., 2002, S. 5).

Während bei Kotler Sozialmarketing unabhängig von der Wirtschaftsform der Institution gefasst wird, stößt man im deutschsprachigen Raum häufig auf die Bestimmung von Sozialmarketing als Marketing von Non-Profit-Organisationen. So fassen Bruhn und Tilmes den Begriff Sozialmarketing wie folgt: „Social Marketing ist die Planung, Organisation, Durchführung und Kontrolle von Marketingstrategien und -aktivitäten nichtkommerzieller Organisationen, die direkt oder indirekt auf die Lösung sozialer Aufgaben gerichtet sind" (Bruhn/Tilmes, 1994, S. 23).

Luthe definiert Sozialmarketing sowohl als Planung, Organisation und Kontrolle von Marketingstrategien und Marketingaktivitäten nichtkommerzieller Organisationen (institutionsbezogenes Verständnis), andererseits als Strategien, die direkt oder indirekt auf die Lösung sozialer Aufgaben gerichtet sind (problemorientiertes Verständnis) (Luthe, 1997).

Diese Beschränkung auf NPOs wird oft damit begründet, dass die Leistungserstellung in NPOs anderen Rahmenbedingungen ausgesetzt ist als bei erwerbswirtschaftlichen Leistungserstellern. Wie wir bereits diskutiert haben (vgl. Kapitel 1.2), sind NPOs wichtige Ersteller sozialer Güter, die jedoch keine Monopolstellung einnehmen. Eine Beschränkung auf NPOs würde daher auch eine Beschränkung von Sozialmarketing auf „Sozialmarketing für NPOs" bedeuten. Aus diesem Grund halten wir es nicht für gerechtfertigt, Sozialmarketing als Kategorie des NPO-Marketings zu bezeichnen. Sozialmarketing beschreibt das Marketing für soziale Güter durch Profit- und Non-Profit-Organisationen.

In Zusammenführung unserer Herleitungen der Begriffe „soziale Güter" und „Marketing" können wir nunmehr „Sozialmarketing" wie folgt definieren:

„Sozialmarketing ist eine menschliche Tätigkeit, die darauf abzielt, durch Austauschprozesse die Akzeptanz sozialer Güter aufzubauen bzw. sicherzustellen (Push) sowie nachfragegerechte soziale Güter zur Verfügung zu stellen (Pull)."

3.3 BESONDERHEITEN DES SOZIALMARKETINGS

Wie wir bereits gezeigt haben, besitzen viele soziale Güter die Eigenschaften von Dienstleistungen. Sozialmarketing ist deshalb in erster Linie Dienstleistungsmarketing. Darüber hinaus wirkt Sozialmarketing im Kontext der Besonderheiten sozialer Güter (vgl. Kapitel 1.4.3) sowie unter den besonderen Managementbedingungen, die zur Herstellung sozialer Güter führen (vgl. Kapitel 2.3).

Dagegen unterscheiden sich die strategischen und operativen Elemente des Sozialmarketing nicht von den Elementen, die im Produkt- oder Dienstleistungsmarketing verwendet werden. Allerdings ist eine Anpassung der strategischen und operativen Marketinginstrumente an die Besonderheiten sozialer Güter und deren Managementbedingungen notwendig.

3.4 ZIELE IM SOZIALMARKETING

Klassische Marketingziele werden üblicherweise aus den Zielen abgeleitet, die das Unternehmen oder die Organisation nach ihrem Selbstverständnis verfolgt. So kann mit Ramme (Ramme, 2004) eine Pyramide aufgestellt werden, an deren Spitze das strategische Unternehmensziel steht, darunter abgeleitet die nachrangig verfolgten und aus den Metazielen abgeleiteten Unterziele (vgl. Abbildung 3.2).

Abbildung 3-2: Ableitung der Marketingziele aus den Unternehmenszielen (nach: Ramme, 2004, S. 256)

Für das Sozialmarketing können folgende allgemeine Ziele (vgl. Scheibe-Jaeger, 2002) beschrieben werden:

(1) *Kundengewinnung und Bindung:* Hauptziel des Sozialmarketing ist es, Kunden zu gewinnen und an das Unternehmen oder die Organisation zu binden. Sei es im Bereich der Leistungsempfänger oder zum Beispiel in der Spendenwerbung. Eine längerfristige Beziehung gibt Planungssicherheit für die Zukunft.

(2) *Orientierung am Kunden:* Zu einem guten Marketing gehört auch Marktforschung. Zu wissen, was Kunden wollen und brauchen, um individuelle Leistungen anbieten zu können, ist ein entscheidendes Ziel im Sozialmarketing. Die Orientierung am Kunden, nicht am Produkt oder am Gewinn, ist ein Unterschied zwischen Sozial- und Produktmarketing.

(3) **Vertrauen schaffen** ist ein weiteres Ziel von Sozialmarketing. Eine Dienstleistung ist individuell und wird jedes Mal neu erstellt. Zudem ist der Kunde normalerweise in die Erstellung einer sozialen Dienstleistung aktiv einbezogen. Aufgrund dieser Eigenschaft ist es nicht möglich, die Qualität einer Dienstleistung im Voraus zu bestimmen. Es ist aber möglich, aufgrund von Erfolgen aus der Vergangenheit, Vertrauen zu schaffen und ein positives Image aufzubauen.

(4) **Positionierung:** Nur wenn eine Organisation mit ihrem Leistungsspektrum auf die Bedürfnisse und Wünsche der Kunden eingeht, kann sie die Kunden auch gewinnen. Die Positionierung der Organisation sorgt für einen notwendigen Unterschied zu anderen Anbietern und lässt den Kunden erkennen, warum er die Leistungen gerade dieser und keiner anderen Organisation annehmen sollte.

Eine andere Vorgehensweise schlagen Bruhn/Tilmes (1994) vor. Sie geben vier Marketingziele an, die einer „Differenzierung nach *individuellen Reaktionsarten*" (S. 54) folgt:

– aufgrund kognitiver Veränderungen,
– aufgrund konkreter handlungsbezogener Veränderungen,
– aufgrund von Verhaltensänderungen,
– aufgrund von Wertänderungen.

Die genannte Unterteilung beinhaltet gleichzeitig den Realisationsschwierigkeitsgrad, d.h. eine kognitive Veränderung wird leichter zu realisieren sein als eine Wertänderung (vgl. Tab. 3-1).

Je klarer die Unternehmensziele und die Marketingziele definiert werden, desto leichter sind sie operationalisierbar. Besonders in sozialen Organisationen sind aber häufig Ziele nicht leicht zu definieren. Darüber hinaus ergeben sich fast zwangsläufig Zielkonflikte, z.B. zwischen ökonomischen und wertorientierten Zielen. Die Folgen sind ein hohes Konfliktpotenzial in Non-Profit-Organisationen. Dieses gilt es, nicht zu ignorieren, sondern als Chance für eine organisationsinterne Diskussion über die generelle Richtung der Unternehmenspolitik (Unternehmensziel!) zu nutzen. Hierbei spielt vor allem das interne Marketing eine bedeutende Rolle (vgl. Kap. 5.7 Personalpolitik).

Wertänderung	– Abbau von Vorurteilen gegenüber Ausländern – Zunahme der Realisationsschwierigkeit – Geändertes Umweltbewusstsein
Verhaltens-änderung	– Einschränkung des Alkoholkonsums – Verbesserung gesunder Essgewohnheiten
Konkrete handlungs-bezogene Änderung	– Teilnahme an Spendenkampagnen für Erdbebenopfer – Akquirierung von ehrenamtlichen Mitgliedern für die Diakonie
Kognitive Veränderung	– Informationskampagnen zur Schädlichkeit des Rauchens – Aufklärungskampagnen über AIDS – Informationsveranstaltungen über die Leistung einer Selbsthilfegruppe

↑ Zunahme der Realisationsschwierigkeit

Tabelle 3-1: Beispiele für Sozialmarketingziele auf vier Ebenen (nach: Bruhn/ Tilmes, 1994, S. 55)

3.4.1 VERHÄLTNIS VON STRATEGISCHEM UND OPERATIVEM SOZIALMARKETING

Die Pyramide in Abb. 3-2 zeigt die Ableitung unterschiedlicher Ziele aufgrund von Metazielen. Dabei ist der Ebenenwechsel verbunden mit einer Abkehr der längerfristigen Planung. So werden auf der dritten Ebene die strategischen Ziele verfolgt, auf der vierten Ebene die operativen Ziele.

Wie im kommerziellen Marketing ist auch im Sozialmarketing die richtige Strategie von Bedeutung für den Erfolg der Organisation. Das strategische Sozialmarketing zielt vor allem auf die Analyse des Marktes und der Organisation ab. Das Festlegen der derzeitigen Position im wirtschaftlichen Umfeld und die gewünschte Position innerhalb eines bestimmten Zeitraumes sind die Eckpfeiler der strategischen Planung. Marktforschung, das Nutzen wirtschaftlicher und wissenschaftlicher Instrumente und die Ableitung von Marketing-Maßnahmen aufgrund von strategischen Überlegungen und Analysen werden im folgenden Kapitel beschrieben. Konkrete Maßnahmen im operativen Bereich sind die Themen, die im fünften Kapitel erläutert werden. Damit dient strategisches Sozialmarketing dem Aufbau von Erfolgspotenzialen, während operatives Sozialmarketing die durch das strategische Sozialmarketing geschaffenen Erfolgspotenziale durch den Einsatz der Marketinginstrumente und der Ableitung konkreter Marketingpläne nutzt.

4. LÄNGERFRISTIGE PLANUNG: STRATEGISCHES SOZIALMARKETING

4.1 MARKTFORSCHUNG IM SOZIALMANAGEMENT

4.1.1 ALLGEMEINE BESONDERHEITEN DER MARKTFORSCHUNG IM SOZIALMARKETING

Marktforschung ist ein wichtiger Bestandteil des Marketings. Aufgrund der Besonderheiten des Sozialmarketings (wie z.B. Immaterialität, Integration des externen Faktors und die Notwendigkeit der Leistungsfähigkeit; vgl. Kapitel 1.4.3) ergeben sich daraus für die Markforschung wichtige Informationen des Handelns. Die Tabelle stellt auf der einen Seite die wichtigsten Besonderheiten sozialer Güter dar, auf der rechten Seite sind die Implikationen aufgrund dieser Besonderheiten beispielhaft angegeben.

Besonderheit von sozialen Gütern	Schwerpunkte der Marktforschung
Notwendigkeit der Leistungsfähigkeit des Anbieters	– Analyse der Mitarbeiterfähigkeiten – Analyse der Mitarbeitermotivation
Integration des externen Faktors	– Analyse des Integrationsverhaltens des externen Faktors
Immaterialität (Nicht-lagerfähigkeit, Nicht-transportfähigkeit)	– Analyse des Kundenverhaltens (Nachfragehöhe, Nachfrage-schwankungen, Öffnungszeiten)
Schwierige Qualitätsmessung	– Beschwerdemanagement
Individualität der Leistung	– Analyse von Kundenzufriedenheit und Image
Uno-actu-Prinzip	– Analyse des Interaktionsverhaltens
Standortgebundenheit	– Standortforschung
Starke Bindung an gesetzliche Regelungen	– Grenzen der Befragungsmöglichkeiten
Verpflichtung auf ethische Werte	– Qualitative Analysemöglichkeiten berücksichtigen
mehrdimensionaler Kundenbegriff	– Multivariate Analyse der verschiedenen Kunden

Tabelle 4-1: Besonderheiten der Marktforschung im Sozialbereich (unter Verwendung Meffert/Bruhn, 2003, S. 127)

Vor allem die Demonstration der Leistungsfähigkeit einer sozialen Dienstleistung stellt die Organisation vor eine Herausforderung. Hierbei spielen die Mitarbeitermotivation bzw. -fähigkeiten eine große Rolle. Entsprechende Ergebnisse aufgrund von Analysen (Mitarbeiterbe-fragungen etc.) können für Maßnahmen der Personalpolitik wichtige Hinweise liefern.

Die Möglichkeiten der Integration des externen Faktors sind gebun-den an die Standortfrage und an die Integrationsfähigkeit des externen

Faktors. Hierbei spielt aber gerade der mehrdimensionale Kundenbegriff eine Rolle. Es werden also bei einer sozialen Dienstleistung (z.B.
Behinderteneinrichtung) nicht nur die Klienten „integriert", ebenso
wichtig sind z.B. die Leistungsträger, die Angehörigen etc.

Die Immaterialität der sozialen Dienstleistung fordert eine Analyse
der Kundenzufriedenheit, auch hier mit den Auswirkungen der oben
genannten Mehrdimensionalität des Kundenbegriffs.

4.1.2 MARKTFORSCHUNGSMETHODEN

Um überhaupt strategische Entscheidungen treffen zu können, sind
grundlegende Daten zu erfassen. Dabei kann die Datenerhebung
prinzipiell auf zwei Arten erfolgen – primär und sekundär (vgl. Freter,
2004).

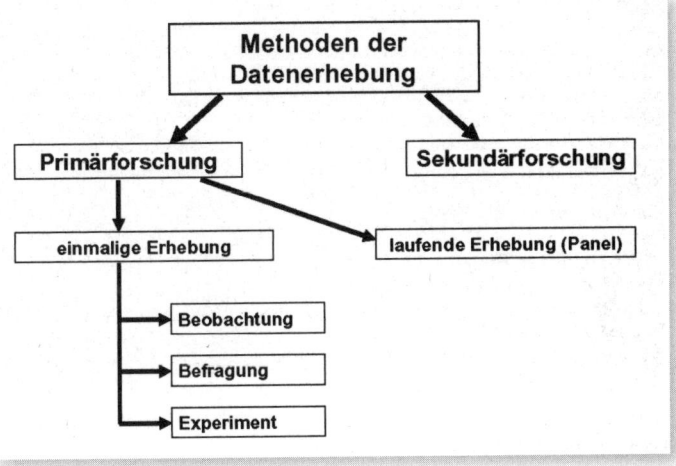

Abbildung 4-1: Methoden der Marktforschung (nach: Freter, 2004, S. 44)

Von Primärforschung spricht man, wenn die Daten für die Analyse
selbst und zum ersten Mal erhoben werden. Dies ist sehr kostspielig
und zeitaufwendig. Die zweite Möglichkeit ist die so genannte Sekundärerhebung, bei der bereits erhobene Daten mit Hinblick auf das
Interessenfeld erneut ausgewertet werden. Diese Nutzung bereits
vorhandenen Datenmaterials spart finanzielle und zeitliche Ressourcen.

Allerdings ist eine kritische Prüfung des auszuwertenden Materials notwendig. Aktualität, regionale Besonderheiten und die Abdeckung aller notwendigen Aspekte müssen gegeben sein, um eine valide Sekundärerhebung zu erhalten.

Primärerhebung	Sekundärerhebung
individuelle Fragestellung und Datenerhebung möglich	Zeitnah
Originaldaten eher unverfälscht	Kostengünstig
Aktuelle Datenbasis	Einfach zu erheben
Höhere Objektivität	

Tabelle 4-2: Vorteile von Primär- und Sekundärerhebungen

4.2 STRATEGISCHE ANALYSEMETHODEN IM SOZIALMARKETING

4.2.1 UMFELDFORSCHUNG

Der Zweck der Umfeldanalyse ist es, sich den Markt sozialer Dienstleistungen anzusehen, wie er sich für die Zielgruppe darstellt. Dieses so genannte Monitoring ist wichtig für das Erkennen von politischen, gesellschaftlichen oder wirtschaftlichen Trends. Trends sind bestimmend für die zukünftige Entwicklung des Unternehmensumfeldes in jeder Hinsicht. Besonders im Bereich sozialer Dienstleistungen spielen Trends eine große Rolle, da Veränderungen in diesem Sektor, bedingt durch die Einflussfaktoren auf dem Sozialmarkt, stets multikausale Ursachen haben und für das Fortbestehen einer Organisation wichtig sind. Trends (vgl. Beilmann, 1995, S. 86f.), die im sozialen Bereich von Bedeutung sein können, sind z.B.:

- Zwei-Klassen-Gesellschaft (reich/arm),
- Abnehmende Solidarität,
- Individualisierung des Einzelnen,
- Abbau von Sozialleistungen,
- Verschiebung der Altersstrukturen.

Zu beachten ist jedoch, dass die Umfeldforschung blind in Bezug auf Trends ist, nach denen gar nicht gesucht wurde. Darüber hinaus ist zu beobachten, dass häufig Trends ausgerufen werden, die bestimmte Interessenlagen bedienen, jedoch keine valide Datenbasis besitzen (vgl. dazu am Beispiel von Bewegungsdefiziten Emrich, 2006).

4.2.2 ZIELGRUPPENANALYSE

Die exakte Analyse und Einordnung der für die Organisation entscheidenden Zielgruppen ist ein wichtiger Bestandteil der Erforschung der externen Faktoren. Es wird erhoben, welche personellen Bindungen zwischen den sozialen Dienstleistungen und den sie in Anspruch nehmenden Personen bestehen. Auch wird untersucht, wie die Zielgruppen die Leistungen einschätzen und wie sie die Organisationen beurteilen. Gemeinsame Identifikationspunkte zwischen den Zielgruppen und den Organisationen sollen gefunden werden, um eine Beziehung aufzubauen oder beizubehalten.

Jede Zielgruppe besitzt ein eigenes Anspruchsniveau und ein eigenes Annahmeverhalten gegenüber materiellen oder immateriellen sozialen Produkten. Diese verschiedenen Arten des Adaptionsverhaltens sind zu berücksichtigen und in das Sozialmarketing einzubeziehen (vgl. Beilmann 1995).

Die Bedürfnisse, Probleme und Merkmale der Zielpersonen sind zu erhebende Faktoren. Zusätzlich können regionale Verteilungen, finanzielle Kennzahlen oder auch Altersstrukturen eine Rolle spielen. Die genannten Faktoren stellen jedoch nur einen kleinen Teil der möglichen zu untersuchenden Merkmale einer Zielgruppenanalyse dar.

4.2.3 Eigensituationsanalyse

Strategische Planung ist nur möglich mit genauer Kenntnis der Ressourcen, Leitbilder, Ziele und Strukturen in einer Organisation. Informationen über mögliche Risiken, Stärken und Schwächen sollten erhoben und in die Planung mit einbezogen werden. Die Eigensituationsanalyse besteht aus verschiedenen Faktoren:

Corporate Identity (CI):

Die Corporate Identity ist das Selbstverständnis der Organisation, an dem sich Handeln und Erscheinung orientieren. Zudem identifizieren sich die Mitarbeiter mit einer solchen Corporate Identity und tragen sie nach außen (Fischer 2000). Die Identität oder Corporate Identity einer Organisation setzt sich aus verschiedenen Elementen zusammen. So ist das Vorhandensein eines einprägsamen, klaren und einheitlichen Erscheinungsbildes einer Organisation nach außen, das so genannten Corporate Design, wichtig für die klare Abgrenzung des Unternehmens von den Mitbewerbern. Einheitlich verwendete Logos, Briefköpfe, Slogans und Informationsmaterialien sichern die Wiedererkennung der Organisation und Assoziierung eines bestimmten Images beim Kunden.

Tabelle 4-3 bietet einen Überblick über die einzelnen Komponenten der CI.

Corporate Identity (CI)	Identität einer Organisation
Corporate Philosophy (CP)	Philosophie einer Organisation, die das Selbstverständnis und die Wurzeln wiedergibt (im Deutschen ist der Begriff des Unternehmensleitbildes verbreitet)
Corporate Design (CD)	Darstellung der Organisation nach außen
Corporate Behavior (CB)	Verhalten der Organisationsteile Führung, Mitarbeiter und Mitglieder
Corporate Image (CM)	Image einer Organisation
Corporate Communications (CC)	Externe und interne Kommunikation der Organisation mit Kunden und Mitarbeitern

Tabelle 4-3: Komponenten der Corporate Identity (in Anlehnung an Beilmann, 1995)

PROFIL DER ORGANISATION (STÄRKEN/SCHWÄCHEN)

Zu wissen, was eine Organisation zu leisten und nicht zu leisten in der Lage ist, ist ausschlaggebend für die strategische Planung. Die Konzentration auf Stärken und das Wissen um Schwächen sichert langfristig den Erfolg. Das Profil einer sozialen Organisation ist das wichtigste Unterscheidungskriterium von Mitbewerbern und sollte individuell gestaltet sein. Ein Instrument, das eine Stärken-/Schwächenanalyse durchführt, ist die SWOT-Analyse. Diese wird näher in Kapitel 4.3.6 vorgestellt.

ZIELE

Aus den Unternehmenszielen und aus dem Leitbild abgeleitete Ziele müssen einen definierten Zeitraum zu Erfüllung beinhalten, damit sie zeitnah umgesetzt werden. Diese Ziele sollten immer wieder kritisch hinterfragt werden, um festzustellen, dass sie ihre Gültigkeit für das Unternehmen in einer sich ständig verändernden Umwelt nicht verloren haben. Vor allem langfristig angelegte Ziele müssen regelmäßig überprüft und gegebenenfalls angepasst werden. Diese Anpassung kann sich auf eine Veränderung der Maßnahmen (operatives Sozialmarketing) beschränken, aber auch eine komplette Veränderung des Zieles bedeuten.

PERSONELLE UND FINANZIELLE RESSOURCEN

Um ein Unternehmen an den Bedürfnissen des Marktes ausrichten zu können, muss bekannt sein, welche Ressourcen es hat. Eine Planung ohne Kenntnis dieser Faktoren ist nicht möglich bzw. unvollständig und somit unsicher in Bezug auf die Planung.

4.2.4 MITBEWERBERANALYSE

Die Mitbewerberanalyse untersucht die Stellung einer Organisation auf dem sozialen Markt im direkten Vergleich zu ihren Mitbewerbern. Mitbewerber können sowohl bereits auf dem Markt bestehende Organisationen als auch neu in den Markt eintretende Organisationen sein (vgl. Beilmann 1995).

Bei der Analyse der Mitbewerber wird besonders auf Konkurrenten geachtet, die ähnliche Zielgruppen haben bzw. vergleichbare Angebote machen. Die Ähnlichkeit der Angebote auf dem sozialen Markt macht es schwer, die Zielgruppen zu erreichen und sich dabei vorteilhaft von der Konkurrenz zu unterscheiden. Den Mitbewerbern Konkurrenz zu machen, bedeutet somit nicht nur, eine vergleichbare Leistung preiswerter anzubieten als der Mitbewerber, sondern vielmehr durch individuelle Angebote und ein eigenes, unverwechselbares Profil das Vertrauen der Kunden zu gewinnen (vgl. Scheibe-Jaeger 2002). Vorteile anderen Mitbewerbern gegenüber können zum Beispiel liegen in (vgl. Beilmann 1995):
– niedrigeren Preisen,
– höherer Qualität,
– besserer Infrastruktur,
– besserer Bedürfnisbefriedigung,
– nachweisbarer Fachlichkeit des Personals.

4.2.5 STANDORTANALYSE

Die Standortanalyse untersucht z.B. das Einzugsgebiet einer Organisation. Dies kann eine bestimmte Region sein oder eine größere Stadt oder auch nur ein Stadtteil. Die wirtschaftlichen und demografischen Merkmale einer Region sind zu berücksichtigende Faktoren bei der Wahl des Standortes einer sozialen Organisation. Auf folgende Faktoren ist besonders zu achten (Scheibe-Jaeger 2002):

- Größe des Einzugsgebietes,
- zukünftige geplante Entwicklungen,
- Kaufkraft,
- Vorhandensein der Zielgruppe(n),
- allgemeine Bevölkerungsentwicklung,
- Mitbewerber,
- vorhandene Angebote,
- bedarfsgerechtes Leistungsangebot,
- mögliche Einschränkungen,
- Verkehrsanbindungen.

Zusätzlich sollte auf Möglichkeiten zur Zusammenarbeit mit anderen Organisationen geachtet werden.

4.2.6 SWOT-ANALYSE

Die SWOT-Analyse ist die Abkürzung für die in der strategischen Marketingplanung verwendete Analyse von Stärken (strengths) und Schwächen (weaknesses) sowie die Chancen (opportunities) und Risiken (threats).

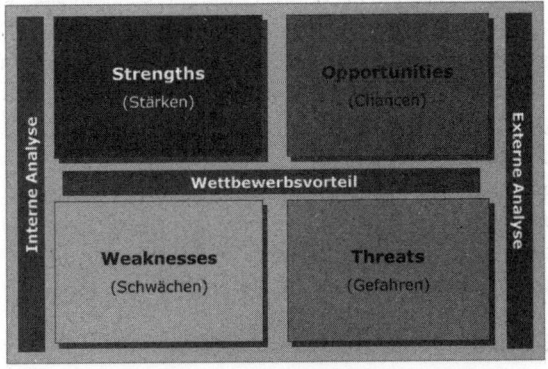

Abbildung 4-2: Inhalte einer SWOT-Analyse (in Anlehnung an Ramme, 2004, S. 257)

Den Kern der SWOT-Analyse bilden die Fragen, die darauf abzielen, ein Bild der gegenwärtigen Organisation mit ihren *Entwicklungsmöglichkeiten* zu entwerfen. Das Bild wird dabei sowohl von internen Gegebenheiten als auch von externen Einflüssen bestimmt. Folgende Fragen liefern einen Anhaltspunkt für das konkrete Vorgehen:

STÄRKEN (STRENGTHS) - INTERNE FAKTOREN

a) Auf welche Ursachen sind vergangene Erfolge zurückzuführen?
b) Welches sind die Chancen der eigenen Organisation in der Zukunft?
c) Welche Synergiepotenziale liegen vor, die mit neuen Strategien stärker genützt werden können?

SCHWÄCHEN (WEAKNESSES) – INTERNE FAKTOREN

a) Welche Schwachpunkte gilt es zu verbessern und künftig zu vermeiden?
b) Welche Leistung ist besonders umsatzschwach bzw. kostenintensiv?

CHANCEN (OPPORTUNITIES) – EXTERNE FAKTOREN

a) Welche Möglichkeiten stehen offen?
b) Welche Trends gilt es zu verfolgen?

GEFAHREN (THREATS) – EXTERNE FAKTOREN

a) Welche Schwierigkeiten hinsichtlich der gesamtwirtschaftlichen Situation oder Markttrends liegen vor?
b) Was machen die Wettbewerber?
c) Ändern sich die Vorschriften für Arbeit oder Leistungen?

Die *Chancen-Risiken-Analyse* dient dazu, allgemeine und besondere Chancen und Risiken des Marktes zu erkennen und für die strategische Planung des Sozialmarketings zu nutzen. Meffert/Bruhn (2003) definieren diese Analyseform, mit deren Hilfe „diejenigen Umweltkräfte zu erkennen und zu antizipieren (sind), die im Rahmen der strategischen Planungsprozesse für Dienstleistungsunternehmen zukünftig von besonderer Bedeutung sind" (S. 160).

Marktchancen sind im Allgemeinen Wachstumsmöglichkeiten oder neu entstehender Bedarf für bestimmte Produkte und Leistungen. Marktrisiken sind insbesondere negative Marktentwicklungen,

Preisverfall oder auch neue Wettbewerber und Technologien. Risiken vermeiden oder minimieren und der Organisation die Möglichkeit schaffen, Chancen zu nutzen, ist das Hauptziel dieses Marketinginstruments (vgl. Meyer/Davidson, 2001). In Tabelle 4-4 sind beispielhaft Chancen und Risiken des Sozialmarktes dargestellt.

Marktchancen im Sozialbereich	Marktrisiken im Sozialbereich
Veränderungen im Konsumentenverhalten, z.B.: – Steigende private Ausgaben für soziale Leistungen – Höhere Inanspruchnahme von sozialen Dienstleistungen – Gesteigerte Konsumbereitschaft für soziale Dienstleistungen	Veränderungen im Konsumentenverhalten, z.B.: – Sinkende Loyalität gegenüber einem Anbieter – Sinkende Inanspruchnahme bestimmter Dienstleistungen durch gesteigertes „Do-it-yourself"-Verhalten (Selbsthilfe)
– Steigende Zahl von Anspruchsgruppen (demografischer Wandel)	– Rasche Änderungen gesetzlicher Grundlagen, dadurch rechtliche Unsicherheit
– Einsatzmöglichkeiten für neue Technologien	– Zunehmender nationaler und internationaler Wettbewerb
– Trend zum Konsum hochwertiger, individueller sozialer Dienstleistungen	– Zunehmende Ökonomisierung des Sozialmarktes

Tabelle 4-4: Chancen und Risiken auf dem Sozialmarkt (in Anlehnung an Meffert/Bruhn, 2003)

Die Tabelle zeigt, dass eine einfache Zuordnung von Chancen und Risiken nicht möglich ist. Eine Veränderung im Konsumentenverhalten, die für einen sozialen Dienstleister ein Risiko darstellt, kann für eine andere Organisation eine Chance bedeuten. Die Einordnung von Chancen und Risiken ist somit unternehmens- und situationsabhängig. Eine Konkretisierung kann nur in Abhängigkeit von den Zielen und Ressourcen einer Organisation erfolgen. Zusätzlich sind die Chancen und Risiken um Stärken und Schwächen einer Organisation zu erweitern. Aus der Vielzahl der möglichen externen Einflüsse sind die wichtigsten Bestimmungsfaktoren herauszusuchen und zu analysieren.

Die Stärken-Schwächen-Analyse wird auch als Ressourcenanalyse bezeichnet (vgl. Lücking/Haas, 2001) mit deren Hilfe man versucht herauszufinden, welche Aktivitäten eine Organisation unter Berücksichtigung der gegenwärtigen und zukünftig zu erwartenden Ressourcensituation in Gang bringen sollte.

Mit Stärken sind Fähigkeiten eines Unternehmens gemeint, Marktchancen zu nutzen und Marktsituationen zu seinem Vorteil zu verwenden. Die Fähigkeit, Marktrisiken zu begegnen, ist ebenfalls als eine Stärke zu sehen. Mit den Schwächen ist die Anfälligkeit für Risiken und ein Mangel an Potenzial, Marktchancen zu erkennen und zu nutzen, gemeint. Die Ressourcenanalyse kann sich auf ein strategisches Geschäftsfeld begrenzen, einen spezifischen Prozess oder auch das gesamte Unternehmen beleuchten.

Im Bereich sozialer Dienstleistungen ist zusätzliches Augenmerk auf die im Leistungserstellungsprozess benötigten Ressourcen zu richten. Hierzu zählen vor allem Know-how sowie finanzielle, technologische und organisatorische Potenziale. Im Bereich der dienstleistungsdominierten Sozialwirtschaft spielt die Ressource Mitarbeiter eine bestimmende Rolle. Durch die Personalintensität sozialer Dienstleistungen machen die Mitarbeiter das größte Potenzial einer sozialwirtschaftlichen Or-

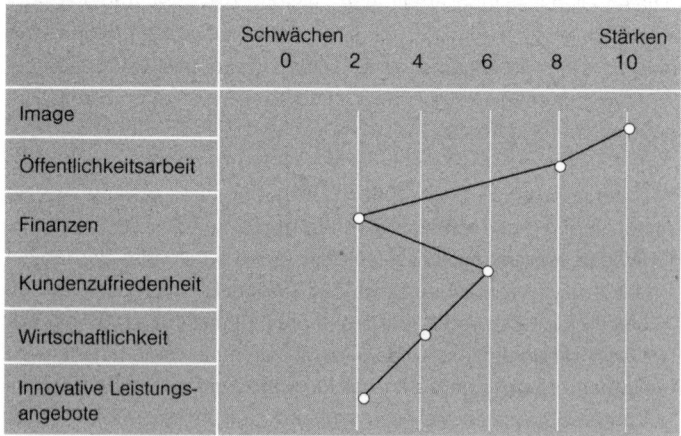

Abbildung 4-3: Beispiel für ein Stärken-Schwächen-Profil eines Sozialdienstleisters

ganisation aus. Dieses Potenzial trägt zur Realisierung der Stärken einer Organisation am Markt bei.

Die Ressourcenanalyse kann über ein Stärken-Schwächen-Profil erfolgen, welches den Schlüsselanforderungen des Marktes gegenübergestellt wird. Dadurch werden Hauptstärken erkannt und ihre Synergien bezüglich der Marktanforderungen. Ein Stärken-Schwächen-Profil kann wichtige Hinweise zur Ableitung konkreter Strategien geben bzw. durch Aufzeigen der Potenziale einer Organisation eine bestmögliche strategische Hauptausrichtung identifizieren (vgl. Lücking/Haas, 2001). Sind die Anforderungen des Marktes und die eigenen Stärken erkannt, so kann eine optimale strategische Ausrichtung erfolgen. Abb. 4-3 zeigt eine fiktive Ressourcenanalyse für einen Sozialdienstleister.

4.2.7 POSITIONIERUNGSANALYSE

Die Methode der Positionierungsanalyse stammt aus dem Konsumgütermarketing der siebziger Jahre (Brockhoff, 2001). Ziel ist es, die subjektive Wahrnehmung der Kunden zu erfahren und somit deren Meinung über bestimmte Unternehmen, Geschäftsbereiche oder Produkte.

Aufgrund der vom Kunden wahrgenommenen Eigenschaften einer sozialen Dienstleistung erhält jede Leistung bzw. der Anbieter eine bestimmte Position am Sozialmarkt. Ziel einer jeden Organisation sollte es sein, die Unternehmensleistung so zu gestalten, dass die wahrgenommenen Eigenschaften mit den gewünschten Soll-Eigenschaften übereinstimmen.

Die strategische Positionierung erfolgt im Rahmen eines mehrstufigen Prozesses. Es werden fünf Phasen der Positionierungsanalyse unterschieden (vgl. Meffert/Bruhn, 2003):

(1) *Objektbestimmung:* Es soll geklärt werden, was genau das Objekt der Analyse sein soll und welche Merkmale untersucht werden sollen. Es kann sich dabei z.B. um eine Leistung, einen ganzen Geschäftsbereich oder das gesamte Unternehmen handeln.

(2) *Festlegung der relevanten Leistungsmerkmale:* Die festzulegenden Leistungsmerkmale müssen eine unmittelbare Relevanz für das Kundenverhalten haben. Informationsquellen hierfür sind z.B. Befragungen oder eine Analyse des Beschwerdeverhaltens.

(3) **Erstellen einer Ist-Positionierung:** Das zu untersuchende Objekt
    wird im Merkmalsraum platziert.

(4) **Vergleich der Ist-Positionierung mit der Soll-Positionierung:** Die
    Ist-Positionierung wird mit der gewünschten Soll-Positionierung
    verglichen. Die festgestellten Differenzen und Übereinstimmungen
    dienen als Anhaltspunkte für weitere Veränderungen.

(5) **Ableitung von Strategien:** Anhand der festgestellten Abweichun-
    gen oder Übereinstimmungen der Ist- und der Soll-Positionierung
    werden neue Strategien abgeleitet.

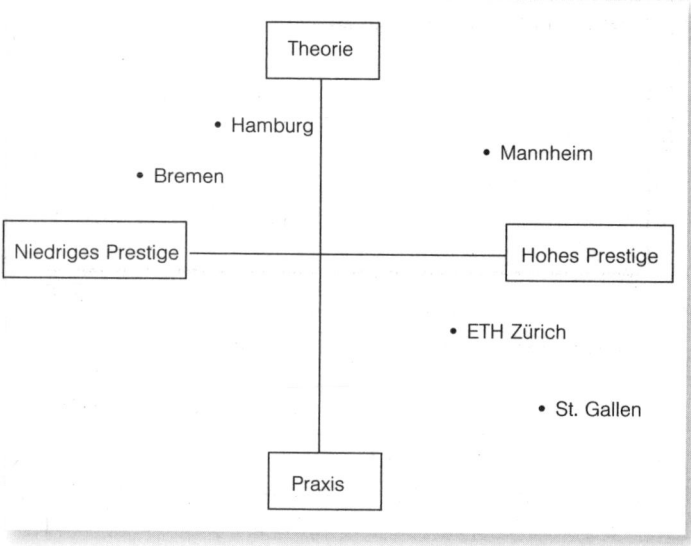

*Abbildung 4-4: Fiktive Positionierungsanalyse von ausgewählten Hochschulen
(nach Bruhn/Tilmes, 1994, S. 79)*

2.2.1 Lebenszyklusanalyse

Wie Konsumgüter unterliegen auch viele soziale Dienstleistungen einem
Lebenszyklus. Die Lebenszyklusanalyse versucht, diesen Verlauf zu
untersuchen, um daraus Schlussfolgerungen für die Marketingstrategien ziehen zu können. Die Lebenszyklusanalyse kommt aus dem

Bereich des Produktmarketing. Aufgrund der Besonderheiten von Dienstleistungen und des Sozialmarktes ist es sehr schwierig, eine Lebenszyklusanalyse anzuwenden, da sich die Rahmenbedingungen für soziale Güter z.B. durch politische Entscheidungen oder neue soziale Ideen sprunghaft ändern können. Es lassen sich idealtypisch fünf Phasen unterscheiden (Fischer, 2001):

(1) Einführungsphase,
(2) Wachstumsphase,
(3) Reifephase,
(4) Sättigungsphase,
(5) Verfalls- oder Degenerationsphase.

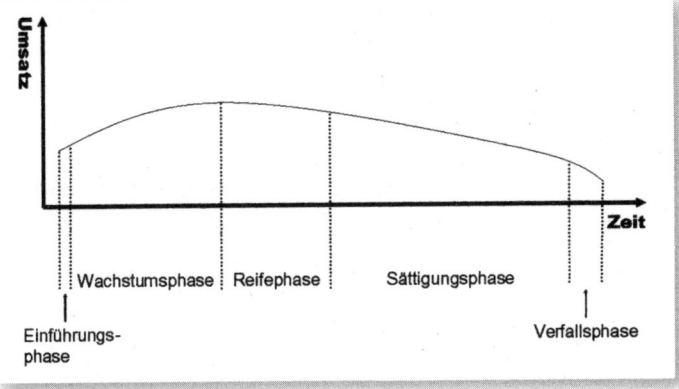

Abbildung 4-5: Idealtypischer Phasenverlauf eines Lebenszyklus von sozialen Dienstleistungen

4.2.9 Portfolioanalyse

Die Portfolioanalyse ist seit den siebziger Jahren eine der am häufigsten angewandten Methoden im Marketing (Böcker/Diller, 2001). Grundlage der Portfolioanalyse sind die zuvor getroffenen Aussagen zum Lebenszykluskonzept.

Die Portfolioanalyse positioniert ein Analyseobjekt, z.B. eine bestimmte soziale Dienstleistung, nach internen und externen Faktoren in einer zweidimensionalen Matrix. Ziel ist es, aufgrund der gewonnenen

Erkenntnisse über das Analyseobjekt eine strategische Neuausrichtung vornehmen zu können. Das Marketingkonzept wird an die aktuelle Position des Analyseobjektes angepasst. Man spricht hier von so genannten Normstrategien.

Die beiden bekanntesten Portfolioansätze sind das Wettbewerbs-vorteils-/Marktattraktivitäts-Portfolio (McKinsey-Portfolio) und das Marktanteils-/Marktwachstums-Portfolio der Boston Consulting Group (BCG-Portfolio). Beide Portfolios basieren auf der gleichen Idee, zeichnen sich jedoch durch unterschiedliche Vorgehensweisen aus.

Das BCG-Portfolio unterteilt die Positionierung in vier verschiedene Arten.

(1) *Question Marks*

Als Question Marks werden Produkte oder Dienstleistungen bezeichnet, die innovativ sind und auf einem wachsenden Markt agieren. Ihr Marktanteil ist noch gering (Normstrategie: Selektionsstrategie).

(2) *Stars*

Als Stars werden Dienstleistungen bezeichnet, die sich auf einem wachsenden Markt befinden und deren Marktanteil hoch ist. Dies gilt vor allem für Produkte oder Leistungen, die sich nach der Innovation an einem wachsenden Markt etablieren konnten und die häufig nachgefragt werden (Normstrategie: Investitionsstrategie).

(3) *Cash Cows*

Als Cash Cows werden Produkte oder Leistungen bezeichnet, die auf einem nicht mehr wachsenden Markt etabliert sind und deren Investitionsquote gering ist. Es werden vorwiegend Gewinne abgeschöpft (Normstrategie: Abschöpfungsstrategie).

(4) *Poor Dogs*

Poor Dogs bezeichnet Produkte oder Dienstleistungen am Ende ihres Lebenszyklus. Der Marktanteil ist niedrig und der Markt selbst verzeichnet kein Wachstum mehr (Normstrategie: Rückzugsstrategie).

Bei der Durchführung der Portfolioanalyse ist darauf zu achten, dass in den einzelnen Teilschritten sozialdienstleistungsbezogene Besonderheiten auftreten. Die Vorgehensweise bei einer Portfolioanalyse ist in vier Prozessschritte unterteilt (Böcker/Diller, 2001):

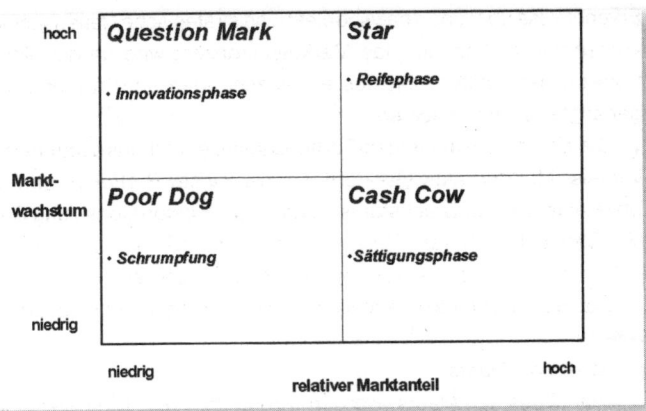

Abbildung 4-6: Schematische Darstellung einer BCG-Portfolio-Matrix

Schritt 1: Festlegen der Untersuchungsobjekte. Das Objekt der Betrachtung kann zum Beispiel eine soziale Dienstleistung, ihr Anbieter, der Nachfrager oder ein Kostenträger (z.B. eine Krankenversicherung oder das Sozialamt) sein. Besonders die Erstellung von Kundenportfolios hat in den letzten Jahren an Bedeutung gewonnen, da sie zur Entscheidungsfindung über Kundengewinnungs- bzw. Kundenbindungskonzepte beitragen. Im Sozialmarketing ist dabei wichtig, welche Analyseobjekte man untersucht. Es gilt, die strategische Geschäfteinheit (SGE) zu definieren (vgl. Korte, 1995). Diese können je nach Wahl der Geschäftseinheit eine Leistung (Eheberatung, ein Leistungsbündel z.B. Jugendhilfe) oder eine ganze Organisationseinheit (Diakonie Stuttgart, Krankenhaus St. Elisabeth in Bonn) sein.

Schritt 2: Erhebung und Aufbereitung der relevanten Informationen. Um ein Untersuchungsobjekt in der Portfoliomatrix positionieren zu können, müssen möglichst viele qualitative Daten vorhanden sein. Je nach Art des zu erstellenden Portfolios sind dies Daten über die Kundenattraktivität, die Lieferantensituation, das Marktwachstum, den relativen Marktanteil, die Marktattraktivität oder die Wettbewerbsvorteile.

Schritt 3: Positionierung der Analyseobjekte in der Matrix. Dem zu erstellenden Portfolio gemäß werden die Untersuchungsobjekte im Merkmalsraum positioniert.

Schritt 4: Ableitung von Strategien. Je nach Portfolio und der Positionierung der Analyseobjekte können verschiedene strategische Stoßrichtungen abgeleitet bzw. Normstrategien festgelegt werden. Beispiele dafür sind Entscheidungen zur Eliminierung strategischer Geschäftsfelder, die Verschiebung von Ressourcen zwischen verschiedenen Geschäftsfeldern oder die Entwicklung von Marken.

Abbildung 4-7 zeigt ein Beispiel einer fiktiven Portfolioanalyse für ein Diakonisches Werk mit seinen Einrichtungen.

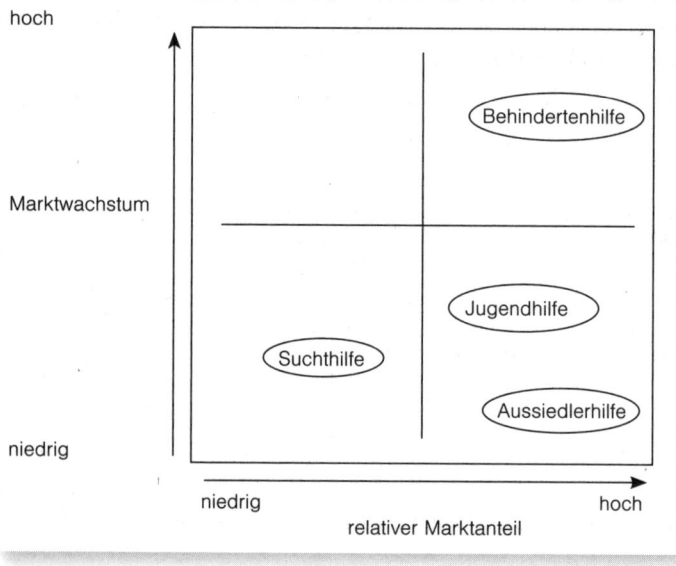

Abbildung 4-7: BCG-Portfolioanalyse eines sozialen Trägers; SGE entsprechen den einzelnen Einrichtungen

4.2.10 WERTKETTENANALYSE

Bei der Wertkettenanalyse wird versucht, die Prozesse einer Organisation oder eines Unternehmens strukturiert darzustellen. Eine

Wertkette bildet „das Unternehmen als eine Kette von wertseigernden Aktivitäten" (Lücking, 2001, S. 1899) ab. Besonders auf dem Sektor sozialer Dienstleistungen ist aufgrund des starken Prozesscharakters ein Trend zur prozessorientierten Betrachtung erkennbar. Die Wertkettenanalyse identifiziert grundlegende Funktionen eines Unternehmens und eignet sich als Instrument im Rahmen der Unternehmensplanung. Zudem können den Grundfunktionen Kosten zugeordnet und somit eine Kostenanalyse vorgenommen werden.

Die Wertkettenanalyse unterscheidet Prozesse in *primäre Aktivitäten und unterstützende Aktivitäten* (Lücking, 2001). Primäre Aktivitäten kennzeichnen die Erstellung von Kerndienstleistungen, wie z.B. Pflegeleistungen, wohingegen unterstützende Aktivitäten die notwendigen Aktivitäten neben den Kernleistungen, wie z.B. Einkauf von Material oder Verwaltungstätigkeiten, beinhalten.

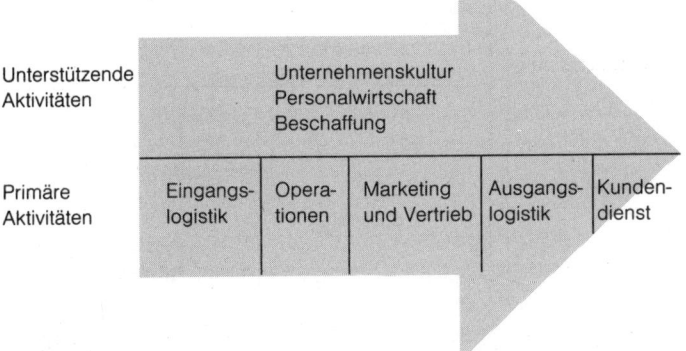

Abbildung 4-8: Modell einer Wertkette nach Porter (1999, S. 62)

4.2.11 RESOURCE BASED VIEW

Die bisher vorgestellten strategischen Analysekonzepte basierten im Wesentlichen auf einer Marktperspektive (Marked-based view). Durch die Analyse von Märkten und deren Nachfragestrukturen erhält das Unternehmen Hinweise, welche Produkte und Dienstleistungen auf dem Markt abgesetzt werden können. Strategieentscheidungen werden mit dem Ziel getroffen, die Kundenbedürfnisse verglichen mit den Konkurrenten besser zu befriedigen. Die Kombination der Produktionsfaktoren erfolgt entsprechend den Marktstrukturen.

Die Grundidee des ressourcenorientierten Ansatzes (Resourced-based view) besteht nun darin, „dass die Unterschiede zwischen Unternehmen und damit auch ihre Wettbewerbsvorteile nicht durch die Stellung der Unternehmen am Produktmarkt bestimmt werden, sondern durch die Qualität ihrer Ressourcenausstattung" (Hungenberg, 2004, S. 497). Ressourcen sind materielle oder immaterielle Produktionsfaktoren, die ein Unternehmen besitzt oder kontrolliert, z.B. Patente, Rohstoffe, Markenname, aber auch die Beherrschung von Prozessen oder explizites und implizites Wissen. Das Vorhandensein bzw. das Fehlen von Ressourcen unterscheidet aus der Perspektive des Resourced-based view ein Unternehmen von seinen Wettbewerbern. Ziel von Unternehmen ist es daher, langfristige Wettbewerbsvorteile durch Ressourcenvorteile zu erlangen. Dies kann jedoch nur unter Bedingungen unvollständiger Märkte gelingen. Wären alle Fähigkeiten und Ressourcen über Märkte zu bekommen, könnte kein Unternehmen langfristig Wettbewerbsvorteile durch Ressourcenvorteile erlangen, da die Konkurrenten solche Vorteile kurzfristig egalisieren könnten. Es ist jedoch nicht ausreichend, dass Ressourcenvorteile nicht über Märkte ausgeglichen werden können. Unternehmen mit Ressourcennachteilen könnten die fehlenden Ressourcen auch imitieren oder substituieren. So könnte beispielsweise ein Krankenhaus die Ressourcenvorteile eines anderen Krankenhauses, die durch die zusätzliche Betreuung der Patienten durch ehrenamtlich Engagierte („Grüne Damen") entstanden sind, durch den Aufbau eines vergleichbaren Betreuungsangebotes imitieren. Substituiert werden könnte beispielsweise die besondere Ressource, über die ein Krankenhaus bei der Beherrschung einer speziellen Operation verfügt, durch die Entwicklung einer alternativen Operationstechnik durch ein anderes Krankenhaus. Aus unserem Beispiel wird deutlich, dass sich die Kernkompetenz eines Unternehmens, nämlich das spezifische Ressourcenbündel, welches es einem Unternehmen gestattet, Wettbewerbsvorteile gegenüber einem anderen Unternehmen zu generieren, im Laufe der Zeit durchaus verändern kann.

Die folgende Tabelle enthält zusammenfassend die Gegenüberstellung des markt- und ressourcenorientierten Ansatzes.

	Marktorientierter Ansatz	Ressourcenorientierter Ansatz
Idee	Unternehmen als Portfolio von strategischen Geschäftseinheiten	Unternehmen als Reservoir von Ressourcen und Fähigkeiten
Ziel	Wachstum durch Cash-Flow-Balance im Laufe des strategischen Geschäftsfeld-Lebenszyklus	Wachstum durch Entwicklung, Nutzung und Transfer von Kernkompetenzen
Basis	strategische Geschäftseinheit	Ressourcen
Konkurrenz-grundlage	Produktbezogene Kosten- und/oder Differenzierungsvorteile	Unternehmensweite Kompetenzen
Charakter des Vorteils	geschäftsfeldspezifisch, wahrnehmbar	transferierbar, verborgen
Rolle der Geschäftseinheit	Profit Center	Center of Competence

Tabelle 4-5: Markt- und Ressourcenorientierter Ansatz im Vergleich (Corsten, 1998, S. 22)

Gelingt es einem Unternehmen, seine Kernkompetenzen im Vergleich zu den Wettbewerbern zu identifizieren, deren Stärke relativ zu den Wettbewerbern und den darauf basierenden Kundennutzen abzuschätzen, sind Potenziale für langfristige Wettbewerbsvorteile und Gewinne aufgedeckt. Die auf dieser Resourced-based-view-Analyse ermittelten Daten sind Grundlage strategischer Entscheidungen zur Nutzung und langfristigen Sicherung der Kernkompetenzen.

Zur Identifizierung von Kernkompetenzen schlägt Barney das „VRIO framework" als eine Folge von Fragen nach dem Nutzen (Value), der Einzigartigkeit (Rareness), der Imitierbarkeit (Imitability) und der Umsetzungsfähigkeit (Organization) möglicher Kernkompetenzen vor:

„1. The Question of Value: Do a firm's resources and capabilities enable the firm to respond to environmental threats or opportunities?

2. The Question of Rarity: Is a resource currently controlled by only a small number of competing firms?

3. The Question of Imitability: Do firms without a resource face a cost disadvantage in obtaining or developing it?

4. The Question of Organization: Are a firm's other policies and procedures organized to support the exploitation of its valuable, rave and costly to imitate resources?" (Barney, 2002, S. 160).

Gerade die Hersteller sozialer Güter unterscheiden sich mitunter gravierend hinsichtlich ihrer verfügbaren Ressourcen. Vor allem Unternehmen, die aufgrund ihrer gelebten Werteorientierung „die Balance zwischen bilanzierfähiger und nicht-bilanzierfähiger Wertschöpfung halten" (Frieling, 2006, S. 3) wollen, verfügen über Ressourcen, die nicht ohne weiteres von ihren Konkurrenten zu erwerben, zu imitieren oder zu substituieren sind, jedoch einen hohen Kundennutzen generieren.

Weitere Beispiele für Kernkompetenzen von Unternehmen, die soziale Güter erstellen, sind:

– die Aufrechterhaltung der Glaubwürdigkeit und der Unabhängigkeit der Soziallotterie „Aktion Mensch" gegenüber Soziallotterien, die direkt von den Wohlfahrtsverbänden durchgeführt werden,

– die Aufrechterhaltung der Glaubwürdigkeit und der Kampagnenfähigkeit von Greenpeace,

– die Nähe zur UNO und der darauf aufbauenden Akzeptanz und Glaubwürdigkeit von UNICEF,

– die Aufrechterhaltung des Zugangs zu Straßenkindern durch örtliche Hilfsorganisationen sowie

– die Aufrechterhaltung der öffentlich zugeschriebene pädagogischen Kompetenz der SOS Kinderdörfer.

4.2.12 ABGRENZUNG ZU ANALYSEINSTRUMENTEN ANDERER BETRIEBSWIRTSCHAFTLICHER FACHRICHTUNGEN

Der Einsatz der Analyseinstrumente dient dem Zweck der Optimierung des Marketing, sei es in strategischer oder aber auch in operativen Bereichen. Im Gegensatz zu anderen Autoren (z.B. Bruhn, 2005)

vertreten wir die Auffassung, dass mit der Implementierung der Marketingstrategie und der Umsetzung bzw. Implementierung des Marketing in der Praxis nicht zwangsläufig Aufgaben anderer Bereiche betriebswirtschaftlicher Fachrichtungen übernommen werden.

So hat das Marketing hierbei nicht die Funktion der Personal- oder Organisationsentwicklung zu übernehmen, es soll auf die Fähigkeiten und Möglichkeiten dieser Funktionen zurückgreifen, diese aber nicht ersetzen. Zwangsläufig wird es zu Überschneidungen oder besser zu einer interdisziplinären Zusammenarbeit kommen. Eine enge Zusammenarbeit aller innerbetrieblichen relevanten Funktionsbereiche ist dabei unerlässlich. Veränderungsprozesse in der Organisation können also durch Marketing, durch Personalentwicklung oder Organisationsentwicklung erfolgen. Somit endet der Einsatz der Analyseinstrumente dort, wo andere betriebliche Funktionsbereiche Kernpunkte positioniert haben und auf strategischem und operativem Gebiet arbeiten.

5. Operatives Sozialmarketing: Einsatz von Marketing-Instrumenten

5.1 Grundfragen des operativen Marketings

Dieses Kapitel beschreibt den operativen Einsatz der Marketinginstrumente im sozialen Bereich. Es existieren verschiedene Möglichkeiten, diese Instrumente anzuwenden. Prinzipiell lautet die Grundfrage im operativen Marketing (vgl. Scheibe-Jaeger, 2002): ·

Welche Personen kann ich
- für welche Dienstleistung (product),
- zu welchem Preis (price),
- in welcher Art und Weise (process),
- mit welchen Mitarbeitern (personnel),
- an welchem Ort (place),
- in welcher Umgebung (physical facilities),
- mit welcher Kommunikation als Kunden gewinnen (promotion).

Die Antworten auf diese Frage liefern alle notwendigen Informationen zum Finden des entsprechenden Marketing-Mix für soziale Dienstleistungen. Der Marketing-Mix „ist die qualitative, quantitative und zeitliche Kombination der Marketing-Instrumente und stellt ein Handlungsgerüst dar, mit der ein Unternehmen seine Marketingziele zu erreichen sucht" (Kaas 2001, S. 1002), welches Anhaltspunkte liefert und für die Vollständigkeit der Marketingmaßnahmen sorgt. Es ist wichtig, dass die nachfolgend vorgestellten, einzelnen Elemente des Marketing-Mix nicht vereinzelt eingesetzt werden, sondern erst ineinandergreifend in einem schlüssigen Konzept Wirkung zeigen (vgl. Scheibe-Jaeger, 2002).

5.2 SYSTEMATISIERUNG DER MARKETINGINSTRUMENTE

Im kommerziellen oder auch Produktmarketing spricht man von den vier Ps des Marketing-Mix. Im Dienstleistungsmarketing als auch im Sozialmarketing werden diese vier Ps um weitere Elemente ergänzt, um den Besonderheiten des sozialen Dienstleistungsmarktes gerecht zu werden.

Kotler et. al. (1999) unterscheiden sieben Merkmale des Marketing-Mix für Dienstleistungen:

Merkmal des Marketing-Mix	
auf Deutsch	auf Englisch
Produkt (Leistung)	product
Preis	price
Platzierung, Distribution	place
Kommunikation, Werbung	promotion
Zusätzlich beim sozialen Dienstleistungsmarketing	
Personal, das die Leistung erbringt	personnel
Ausstattung, Umfeld, Ambiente	physical environment
Prozess, Vorgang der Leistungserstellung	process

Tabelle 5-1: Das Marketing-Mix im Sozialmarketing (in Anlehnung an Kotler et al., 1999, S. 590)

Dienstleistungen im Allgemeinen implizieren bereits eine persönliche Beziehung zwischen Dienstleister und Kunde und im Sozialbereich wird diese Beziehung noch intensiviert. In Anlehnung an Magrath (1986), Cowell (1984) und Kotler (1999) wird deshalb im Folgenden bei der Beschreibung des Marketingmix im Sozialmarketing neben den klassischen Ps auch auf die weiteren Ps, die Personalpolitik, die Ausstattungspolitik sowie auf den Prozess der Leistungserstellung (Prozesspolitik) eingegangen. Die folgenden Ausführungen beschreiben die sieben Ps für den Sozialmarketingmix. Dabei wird auf die Besonderheiten von sozialen Dienstleistungen zurückgegriffen, wie sie in Kapitel 1.4.3 beschrieben wurden. Die folgenden Tabellen führen für jedes der sieben Ps auf der einen Seite die wichtigsten Besonderheiten sozialer Güter, auf der rechten Seite sind die Implikationen aufgrund dieser Besonderheiten beispielhaft angegeben.

5.3 LEISTUNGSPOLITIK

5.3.1 BESONDERHEITEN DER LEISTUNGSPOLITIK

Aufgrund einer notwendigen permanenten Bereitstellung der Leistungsbereitschaft von sozialen Dienstleistungen ergeben sich daraus im Unterschied zum Produktmarketing vielfältige Implikationen.

BESONDERHEITEN DER LEISTUNGSPOLITIK

Besonderheit von sozialen Gütern	Implikationen für die Leistungspolitik
Notwendigkeit der Leistungsfähigkeit des Anbieters	– Berücksichtigung des Leistungspotenzials bei der Planung des Leistungsprogrammes
Integration des externen Faktors und mehrdimensionaler Kundenbegriff	– Mögliche Externalisierung und Internalisierung im Rahmen der Leistungsvariation – Vereinfachte Beschwerdestimulierung – Differenzierte Erstellung von Leistungsangeboten – Bündelung der Leistungsangebote
Immaterialität (Nichtlagerfähigkeit, Nichttransportfähigkeit) und Standortgebundenheit	– Leistungsbündelung – Zeitabhängige Variation (Nachfragesteuerung: Yield Management)
Schwierige Qualitätsmessung	– Hohe Bedeutung der Markenpolitik aufgrund Kaufunsicherheit
Individualität der Leistung Uno-actu-Prinzip	– Automatisierung und Standardisierung bei Standardleistungen
Starke Bindung an gesetzliche Regelungen	– Berücksichtigung rechtl. Bedingungen beim Leistungsangebot
Verpflichtung auf ethische Werte	– Berücksichtigung ethischer Werte beim Leistungsangebot, z.B. christliche Grundhaltung der Mitarbeiter

Tabelle 5-2: Besonderheiten der Leistungspolitik von Sozialdienstleistungsunternehmen (in Anlehnung an Meffert/Bruhn, 2003, S. 358)

– Aufgrund der permanenten Leistungsvorhaltung ergibt sich für die Organisation die Frage nach möglichen Automatisierungen von Leistungen. Vor allem die Fähigkeit des Personals, die Leistung überhaupt zur versprochenen Qualität anbieten zu können, ist bei der Planung des Leistungsangebots zu berücksichtigen.

– Fragen, inwieweit der externe Faktor integriert werden kann, der möglicherweise externalisiert wird, sind abhängig von der Standardisierbarkeit der Leistung. So können in Altenheimen unter Umständen die zu Pflegenden ihr Essen selbst abholen. Eine problematische Größe bei der Nachfrage nach Dienstleistungen ist die Nicht-Steuerbarkeit der Kundennachfrage. Maßnahmen, die diesem begegnen, nennt man Yield-Management (Skiera/Wiswede/Diller, 2001). Durch den direkten Kontakt Kunde – Personal wird eine Beschwerdestimulierung an Bedeutung gewinnen.

– Die Immaterialität bedingt immer öfter eine Leistungsbündelung, um Kostenvorteile gegenüber der Konkurrenz zu erlangen. Darüber hinaus ist durch die Immaterialität die Markenpolitik von Bedeutung. Markenpolitik verfolgt dabei globale Ziele (Steigerung des Markenwerts, Aufbau von Markentreue), ökonomische Ziele (Erhöhung des akquisitorischen Potenzials und eines preispolitischen Spielraums) und psychologische Ziele (Schaffung von Präferenzen und Vertrauen) (vgl. Meffert/Bruhn 2003, S. 399).

5.3.2 Leistungsinnovation und Leistungsvariation

Ein weiterer wichtiger Punkt bei der Leistungspolitik ist die Frage, wie neue Leistungen entstehen bzw. Leistungen variiert werden.

Neu entstehende gesellschaftliche Bedürfnisse können neue *innovative soziale Dienstleistungen* erfordern. Soziale Probleme lassen sich jedoch selten schnell und umfassend lösen, sondern erfordern vielmehr eine längere Zeit der Leistungsgestaltung und -anpassung. Als Beispiel sei die steigende Anzahl ausländischer Jugendlicher mit Drogenproblemen zu nennen. Innovativ sind hierfür in den letzten Jahren Beratungs- und Behandlungsstellen entstanden, die sich speziell mit dieser Zielgruppe befassen.

Zur besseren Befriedigung gesellschaftlicher Bedürfnisse kann ebenso die Weiterentwicklung eines bestehenden Angebots dienen.

Dies wird auch als *Leistungsvariation* bezeichnet (vgl. Bruhn/Tilmes, 1994). Auch der Ersatz eines alten Angebots durch eine weiterentwickelte oder gänzlich neue Leistung ist möglich.

Ein weiterer Aspekt ist die Qualität der Leistung. Dieser Faktor gewinnt in jüngster Zeit offensichtlich an Bedeutung. Bedingt durch die Öffnung des Sozialmarktes für Wettbewerber aus dem Ausland kommt es zu einer verstärkten Konkurrenzsituation, in der Qualität ein wichtiges Argument sein kann. Bedingt durch die regulierten Preise und die Homogenität der Leistungen auf dem sozialen Markt, ist die vom Kunden wahrgenommene Qualität ein wichtiges Abgrenzungsmerkmal für die verschiedenen Anbieter. Aufgrund des Ökonomisierungsdrucks gibt es jedoch immer häufiger Fälle, bei denen die Qualität nicht mehr berücksichtigt wird, häufig ist ausschlaggebendes Kriterium einer Leistungsnachfrage allein der Preis.

Je nach Marktsituation unterscheidet man vier Produkt- und Marktwachstumsstrategien (vgl. Bruhn/Tilmes, 1994):

(1) *Leistungsentwicklung:* Neue Produkte werden auf bestehenden Märkten angeboten. So kann ein Museum beispielsweise zusätzlich Sonderausstellungen anbieten.

(2) *Marktdurchdringung:* Eine Marktdurchdringungsstrategie (auch Penetrationsstrategie) zielt darauf ab, auf einem bestehenden Markt den eigenen Marktanteil zu erhöhen, ohne innovative Produkte anzubieten oder das Leistungssortiment zu variieren. Eine Hochschule kann zum Beispiel Beschränkungen für Studiengänge abschwächen, um die Anzahl der Studierenden zu erhöhen.

(3) *Markterschließung:* Eine Markterschließungsstrategie liegt vor, wenn eine soziale Organisation ihre Leistungen auf einem neuen Markt anbietet. So kann zum Beispiel ein deutscher Wohlfahrtsverband seine Leistungen in einem anderen europäischen Land anbieten und somit einen neuen Markt beliefern. Die Aktualität dieser Strategie wird vor allem vor dem Hintergrund der zunehmenden Europäisierung deutlich.

(4) *Diversifikation:* Diversifikation ist die Erschließung neuer Märkte mit Hilfe von neuen Produkten. Für den Non-Profit-Bereich sei hier als aktuelles Beispiel das steigende Angebot an Fernstudiengängen für Master- und Bachelorabschlüsse genannt. Europäische Hoch-

schulen bieten ihre, für Deutschland innovativen, Studiengänge auf dem deutschen Bildungsmarkt an. Im Sozialbereich könnte die Caritas eine innovative Erlebnispädagogik in Rumänien anbieten.

5.4 DISTRIBUTIONSPOLITIK

5.4.1 BESONDERHEITEN DER DISTRIBUTIONSPOLITIK

Unter Distributionspolitik versteht Diller (2001b) die Gesamtheit aller Entscheidungen und Handlungen, die im Zusammenhang mit der Übermittlung einer sozialen Dienstleistung an den Kunden stehen.

Aufgrund ihres besonderen Charakters lassen sich soziale Leistungen nicht wie Sachgüter vertreiben. Vielmehr stehen hier nur begrenzte Möglichkeiten zur Verfügung, um Leistungs- und Qualitätsversprechen zu vermarkten. In der Sozialwirtschaft ist daher das Image einer Organisation ein wichtiger Faktor zur Kundengewinnung. Der Leistungsempfänger kann lediglich darauf vertrauen, dass er das gewünschte Ergebnis einer Dienstleistung erhält, dieses jedoch nicht vorher prüfen und bewerten (vgl. Kap. 2.2 Koodinierungsprobleme) kann.

Die Notwendigkeit der permanenten Vorhaltung der Leistung, also die ständige Leistungsbereitschaft, ergibt verschiedene marketingbetreffende Auswirkungen für die Distributionspolitik (Meffert/Bruhn, 2003):

- Die Erfüllung der *räumlichen und zeitlichen Präsenz* zur Erstellung der Leistung ist eine zentrale logistische Aufgabe der sozialen Organisation. Präsenz und Erreichbarkeit (man spricht auch von Distributionsgrad und -dichte) sind aufgrund der Nichttransportfähigkeit sozialer Dienstleistungen wichtige Faktoren.

- Daraus und aus dem Umstand, dass soziale Dienstleistungen direkt vertrieben werden, leitet sich die Notwendigkeit kundennaher Standorte ab, vor allem dort, wo eine quantitativ häufige Leistungsnachfrage erfolgt, weniger hingegen bei längerer kontinuierlichen Leistungsbenutzung (z.B. stationäre Rehabilitation). Damit einhergeht die reibungslose und kundenfreundliche Integration des externen Faktors im Leistungserstellungsprozess. Kundengerechte Öffnungszeiten z.B. von Ämtern oder angenehme Warteräume in Arztpraxen sind hier als Beispiele zu nennen.

- Bei sozialen Dienstleistungen ist die Präsenz des Klienten fast immer unerlässlich, daher gilt es für den Anbieter, die Distanzen Kunde – Anbieter zu überbrücken (Fahrdienste, Vor-Ort-Besuche

Besonderheit von sozialen Gütern	Implikationen für die Distributionspolitik
Notwendigkeit der Leistungsfähigkeit des Anbieters	– Erfüllung des raumzeitlichen Präsenzkriteriums – Dokumentation der Leistungsfähigkeit
Integration des externen Faktors und mehrdimensionaler Kundenbegriff	– Vorrang der direkten Distribution – Standortbedeutung – Kundenfreundliche Öffnungszeiten
Immaterialität (Nichtlagerfähigkeit, Nichttransportfähigkeit) und Standortgebundenheit	– Bedeutung des Überbrückungsproblems zwischen Nachfrager und Anbieter – Absatzmittler als „Co-Producer" – Möglichkeiten der Online-Distribution – Überwindung räumlicher Distanz, z.B. Angebot von Transportmöglichkeiten
Schwierige Qualitätsmessung	– Materialisierung der Leistungsfähigkeit
Individualität der Leistung und Uno-actu-Prinzip	– Darstellung der Individualleistungsfähigkeit
Starke Bindung an gesetzliche Regelungen	– Berücksichtigung gesetzlicher Auflagen
Verpflichtung auf ethische Werte	– Einhaltung ethischer Standards

Tabelle 5-3: Besonderheiten der Distributionspolitik von Sozialdienstleistungsunternehmen (in Anlehnung an Meffert/Bruhn 2003, S. 551)

etc.). Oftmals sind Absatzmittler (z.B. Zuweiser wie niedergelassene Ärzte) bei der Leistungserstellung beteiligt. Diese sind in ein Marketingkonzept mit einzubeziehen. Zumindest als Informationsmedium ist die Online-Distribution von sozialen Dienstleistungen wichtig und daher auszubauen.

5.4.2 PSYCHOLOGISCH ORIENTIERTE ZIELSETZUNGEN DER DISTRIBUTIONSPOLITIK

Im Rahmen der sozialen Dienstleistungen sind zusätzlich psychologisch orientierte Zielsetzungen von Bedeutung (vgl. Meffert/Bruhn, 2003):

(1) IMAGE

Das Image des „Absatzkanals" einer sozialen Dienstleistung ist insofern von Bedeutung, als dass der Kunde direkt mit dem Ersteller seiner Dienstleistung in Berührung kommt und sich somit persönlich mit ihm identifizieren kann. Das Image des Leistungsanbieters bzw. seine Beziehung zum Leistungsempfänger soll durch diesen weitergetragen werden. Wenn also Kunden mit der sozialen Dienstleistung zufrieden sind, kann ein positives Image erzeugt werden, das dann wiederum durch Mundpropaganda verbreitet wird.

(2) KOOPERATIONSBEREITSCHAFT

Zwischen dem Anbieter einer sozialen Dienstleistung und ihrem eigentlichen Ersteller sollte eine enge Kooperation herrschen, um dem Kunden ein einheitliches Image und Professionalität vermitteln zu können. Insbesondere bei der Festlegung der Absatzkanäle und -strukturen ist eine enge Zusammenarbeit wichtig. So sollte z.B. eine Erziehungsberatungsstelle ein einheitliches Auftreten bezüglich ihrer Informationen wie Öffnungszeiten gewährleisten. Sind hier widersprüchliche Informationen, wie z.B. längere Öffnungszeiten auf der Homepage als tatsächlich vor Ort, sind die Absatzkanäle nicht abgestimmt und es kann Kundenunzufriedenheit entstehen.

5.5 PREISPOLITIK

5.5.1 BESONDERHEITEN DER PREISPOLITIK

Bei der Betrachtung der Preispolitik als Instrument des operativen Sozialmarketing fällt auf, dass der Begriff Preis im Bereich der sozialen Dienstleistungen nur selten verwendet wird. Vielmehr werden je nach Branche Begriffe wie Pflegesatz, Tarif, Gebühr, (Leistungs-)Entgelt usw. verwendet. Die Preispolitik wird auch als Gegenleistungspolitik bezeichnet. Dies soll ausdrücken, dass es sich sowohl um monetäre als auch um nichtmonetäre Entgelte handeln kann. Konkret sind folgende Gegenleistungen möglich (Bruhn/Tilmes, 1994):

– *Direkte Gegenleistung* in Form eines Preises (direkt zu bezahlendes Leistungsentgelt),

– *Direkte immaterielle Gegenleistung* (Freude oder Interesse zählen hier bereits als Gegenleistung),

– *Indirekte materielle Gegenleistung* (z.B. Kirchensteuer oder die indirekte Finanzierung der Krankenkosten über Beiträge),

– *Indirekte immaterielle Gegenleistung* (bei Kollektivgütern häufig eine zusätzliche Gegenleistung zur monetären Gegenleistung, z.B. Akzeptanzverhalten der Bevölkerung bei der Bereitstellung von Gütern und Leistungen durch den Staat).

Aufgrund der fehlenden offensichtlichen Leistungsmerkmale einer Dienstleistung kann zur Bestimmung des Preisniveaus ersatzweise die Qualität einer Leistung herangezogen werden. Direkte Preisvergleiche sind aufgrund der besonderen Beschaffenheit von Dienstleistungen ohne deren Inanspruchnahme nicht möglich. Somit ist auch das Preis-Leistungs-Verhältnis eine vorher nicht eindeutig festlegbare Komponente. Die Feststellung der Zahlungsbereitschaft der Kunden für bestimmte Dienstleistungen ist eine weitere Schwierigkeit, die es bei der Preispolitik zu beachten gilt (Meffert/Bruhn, 2003).

Die Notwendigkeit der permanenten Leistungsbereitschaft sozialer Dienstleister führt zu weiteren Problemen.

Besonderheit von sozialen Gütern	Implikationen für die Preispolitik
Notwendigkeit der Leistungsfähigkeit des Anbieters	– Schwierige Kostenzurechnung bei der Preisgestaltung – Preis oder Konditionenpolitik als Steuerungsinstrument der Kapazitätsauslastung (Yield-Management)
Integration des externen Faktors und mehrdimensionaler Kundenbegriff	– Heterogenität innerhalb der Preisfestsetzung – Preisdifferenzierung je nach Selbstbeteiligung – Qualität des externen Faktors als Einflussmerkmal auf die Preisgestaltung
Immaterialität (Nichtlagerfähigkeit, Nichttransportfähigkeit) und Standortgebundenheit	– Preis als Qualitätsindikator – Schwierige Preis-Leistungs-Dokumentation – Problematische Ermittlung der Preisbereitschaft
Schwierige Qualitätsmessung	– Dokumentation des Preis-Leistungsverhältnisses
Individualität der Leistung und Uno-actu-Prinzip	– Transparenz bei der Preisgestaltung und Preisabrechnung – kaum Orientierung an Wettbewerbern
Starke Bindung an gesetzliche Regelungen	– Preispolitik liegt nur eingeschränkt in der Hand des Unternehmens
Verpflichtung auf ethische Werte	– Nachvollziehbare Preisgestaltung

Tabelle 5-4: Besonderheiten der Preispolitik von Sozialdienstleistungsunternehmen (in Anlehnung an Meffert/Bruhn, 2003, S. 518)

– Der hohe Anteil der Fixkosten mit Gemeinkostencharakter (z.B. Personalkosten) lässt eine verursachungsgerechte Verteilung auf die Kostenträger nicht zu. Dies erschwert eine kostenbasierte Preisfestlegung. Mithilfe des Yield-Managements wird besonders durch Preisvariationen versucht, eine gleichmäßigere Kapazitätsauslastung zu erreichen, um die sowieso entstehenden Fixkosten zu decken.

– Auch die Integration des externen Faktors beeinflusst die Preispolitik für soziale Dienstleistungen (Meffert/Bruhn, 2003): Die Integration des externen Faktors und seine unterschiedlich eingebrachte Aktivität verursacht einen hohen Grad der Individualität sozialer Dienstleistungen. Dies führt zu Schwierigkeiten bei der Festlegung einheitlicher Preise. Die Auslagerung von Teilaktivitäten im Rahmen einer Leistungserstellung ist eine Möglichkeit, den Preis einer Dienstleistung zu beeinflussen. Teilaufgaben können vom Kunden selbst übernommen werden. Die Qualität der Dienstleistung ist zu einem erheblichen Teil abhängig von der Qualität des externen Faktors.

– Oftmals ist der Preis der einzige Qualitätsindikator für den Nachfrager, hierbei fungiert der Preis als einzige Sucheigenschaft (vgl. Kap. 2.2). Ebenso ist es schwierig, bei sozialen Dienstleistungen aufgrund des Preises eine erfolgreiche Leistung zu dokumentieren.

5.5.2 Ziele der Preisfestlegung

Die Ziele preispolitischer Maßnahmen im Sozialmarketing sind ähnlich denen im Absatzmarketing (Bruhn/Tilmes, 1994, S. 210):

(1) Gewinnmaximierung

Ebenso wie im Absatzmarketing wird auch im Sozialmarketing der maximale Gewinn einer Maßnahme angestrebt. Es handelt sich jedoch hier nicht vorrangig um den monetären Gewinnbegriff, sondern vielmehr um materiellen als auch immateriellen Nutzen beispielsweise in Form der

– Erhöhung des Spendenaufkommens,
– Erhöhung der Inanspruchnahme eines Angebotes,
– Erhöhung des Bildungsstandes,
– Verbesserung einer Lebenssituation etc.

(2) Kostenbeteiligung

Kostenbeteiligung kann als Ziel genannt werden, wenn es sich hierbei um das Bestreben handelt, einen Teil der durch die Leistung entstehenden Kosten über Einnahmen zu decken. Typische Beispiele für Kostenbeteiligungen sind Museen und öffentliche Schwimmbäder. Nur ein Teil der Kosten soll durch die Einnahmen gedeckt werden, da die Preise subventioniert sind, um die Leistung allen Einkommensschichten zugänglich zu machen (meritorisches Gut). Die fehlende Summe wird z.B. über das Steueraufkommen vom Staat getragen.

(3) NACHFRAGEBELEBUNG ODER NACHFRAGEDÄMPFUNG

Über preispolitische Maßnahmen kann die Nachfrage nach sozialen Dienstleistungen gesteuert werden. Ein Beispiel dafür ist die 2004 eingeführte Praxisgebühr, die zumindest anfänglich zu einem geringeren Patientenaufkommen führte.

5.5.3 PREISFESTLEGUNG

Die Bildung und Festlegung der Preise für soziale Dienstleistungen kann unter verschiedenen Gesichtspunkten erfolgen (Bruhn/Tilmes, 1994):

(1) Kostenorientierte Preisbildung: Sämtliche Kosten, die für die Erstellung der Leistung aufgewendet werden, plus ein Gewinnzuschlag werden addiert. Dies ergibt dann den Preis.

(2) Konkurrenzorientierte Preisbildung: Ausgangspunkt sind hier nicht meine Kosten, die mir entstehen durch Fix- und variable Kosten, sondern die Preisgestaltung der Konkurrenz. Das kann dazu führen, dass ich eine Dienstleistung anbiete, die die tatsächlichen Kosten nicht abdeckt.

(3) Nachfrageorientierte Preisbildung: Hier werden die Preise verändert, je nach dem, unter welchen Umständen die Dienstleistung erstellt wird. Übliche Differenzierungen sind :

– räumliche Merkmale (Leistung im ländlichen Raum billiger),

– Abnehmermerkmale (Jungendtarife, Seniorenpreise),

– mengenorientierte Merkmale (Einzelleistungen oder Dauerleistungen),

– zeitliche Merkmale (günstigere Preise in nachfrageschwachen Zeiten).

5.6 KOMMUNIKATIONSPOLITIK

5.6.1 BESONDERHEITEN DER KOMMUNIKATIONSPOLITIK

Die Kommunikationspolitik dient nicht nur der Übermittlung von Ideen und Werten (politische Meinungen, Glaubensrichtungen). Ihr kommt ein hoher Stellenwert bei der Erfüllung sozialer Aufgaben zu, da sie häufig die Veränderung mentaler Prozesse bedingt. Kommunikation wird dabei als interaktiver Prozess verstanden zwischen Sender und Empfänger einer Nachricht. Die Übermittlung von Nachrichten und Informationen kann durch direkte Ansprache oder auch durch Werbeträger erfolgen. Die Kommunikationspolitik soll dazu dienen, Aufmerksamkeit bei potenziellen Kunden zu wecken und bereits bekannte oder neue Leistungen vorzustellen. Zusätzlich dient die Kommunikation zur Imagebildung bzw. zum Transfer eines positiven Images. Vertrauensbildende Maßnahmen mindern Vorurteile, signalisieren Kompetenz und hohe Qualität und sorgen für Einstellungsänderungen bei potenziellen Kunden einer sozialen Organisation (Bruhn/Tilmes, 1994).

Besonderheit von sozialen Gütern	Implikationen für die Kommunikationspolitik
Notwendigkeit der Leistungsfähigkeit des Anbieters	– Materialisierung des Fähigkeitspotenzials
Integration des externen Faktors und mehrdimensionaler Kundenbegriff	– Einsatz der Kommunikationspolitik im Rahmen des Leistungserstellungsprozesses – Erklärungsfunktion bei Problemen – Aufbau eines Dialog-Marketing
Immaterialität (Nichtlagerfähigkeit, Nichttransportfähigkeit) und Standortgebundenheit	– Materialisierung und Visualisierung von Dienstleistungen durch tangible Elemente – Verbesserung des Organisationsimages – Unterstützung der Nachfragesteuerung – Ausnutzung von Cross-Selling-Potenzialen

Schwierige Qualitätsmessung	– Dokumentation spezifischer sozialer Dienstleistungskompetenzen
Individualität der Leistung und Uno-actu-Prinzip	– Permanente Kommunikation der Leistungsfähigkeit und des Leistungs-prozesses
Starke Bindung an gesetzliche Regelungen	– Aufzeigen der Möglichkeiten und Grenzen der Leistungsfähigkeit
Verpflichtung auf ethische Werte	– Dokumentation und Kommunikation der spezifischen ethischen Werte

Tabelle 5-5: Besonderheiten der Kommunikationspolitik von Sozialdienstleistungsunternehmen (in Anlehnung an Meffert/Bruhn, 2003, S. 424)

– Durch die Notwendigkeit der permanenten Leistungsbereitstellung bei sozialen Dienstleistungen ergeben sich weitere zu beachtende Tatbestände für die Kommunikationspolitik. Da die Leistungsfähigkeit eines Dienstleisters selbst nicht darstellbar ist, müssen zumindest minimale Qualität und Umfang einer Leistung kommuniziert werden. Dies kann zum Beispiel durch Urkunden, Zertifikate oder Referenzen geschehen. Zusätzlich sind – in bestimmten Bereichen ist dies vom Gesetzgeber oftmals schon vorgeschrieben – umfangreiche Dokumentationen bei der Leistungserstellung nachzuweisen.

– Aus der Integration des externen Faktors ergibt sich die Möglichkeit, eine soziale Dienstleistung zu kommunizieren, indem anhand eines Kunden die Leistung bzw. deren Ergebnis dargestellt wird. Zusätzlich kann Zufriedenheit (bzw. Qualität) herausgestellt sowie auf Probleme hingewiesen werden. Durch Aufbau einer interaktiven Kommunikation – mithilfe elektronischer Medien auch für kleine Organisationen machbar – kann zudem eine sehr individuelle Kommunikation geschaffen werden, die dem individuellen Produkt Dienstleistung gerecht wird. Schließlich ist besonders bei externen Problemen die Kommunikationspolitik gefragt, um das Image einer Organisation in der Öffentlichkeit zu wahren.

– Anders als bei Gütern können soziale Dienstleistungen nicht in ihrem vollen Umfang dargestellt werden. Die Aufgabe der Kommunikationspolitik ist es, die Immaterialität der Dienstleistung transparent und greifbar für den Kunden darzustellen. Dies kann zum Beispiel mittels tangibler Elemente erfolgen (Broschüren, Prospekte etc.). Die Nichtlagerfähigkeit von Dienstleistungen impliziert eine möglichst kurzfristige Wirkung kommunikationspolitischer Maßnahmen, um eine schnelle Nachfragesteuerung erzielen zu können. Ebenso müssen aufgrund der Nichttransportfähigkeit dem potenziellen Kunden Ort und Zeitpunkt der Erstellung kommuniziert werden. Soziale Dienstleistungen implizieren zudem die Möglichkeit, mehrere Leistungen miteinander zu verbinden bzw. als „Paket" zu verkaufen. Dies wird bezeichnet durch den Begriff *Cross-Selling*. So kann zum Beispiel eine mobile Altenpflege zugleich die Versorgung mit Mahlzeiten anbieten.

5.6.2 KONTAKTARTEN

Es sind verschiedene Arten der Kontaktaufnahme zur Kommunikation von Dienstleistungen zu unterscheiden. In Tabelle 5-6 sind diese Arten anhand von Beispielen zusammengestellt.

Art des Kontaktes	Direkt	Indirekt
unpersönlich	– Sorgentelefon – Direct mail	– Aids-Kampagne – Werbung – Sponsoring
persönlich	– Eheberatung – Drogenberatung – Psychotherapie	– Mund-zu-Mund- Propaganda"

Tabelle 5-6: Kontaktarten in der Kommunikationspolitik (in Anlehnung an Meffert/Bruhn 2003, S. 428)

5.6.3 INSTRUMENTE

Eine effektive Kommunikationspolitik erfolgt durch den Einsatz der Elemente

– Werbung,
– Öffentlichkeitsarbeit/Public Relation,
– Persönlicher Verkauf,

- Sponsoring und
- Direktmarketing

(Bruhn/Tilmes, 1994). Diese Elemente werden zu einem Kommunikationsmix integriert.

WERBUNG

Charakteristisch für Werbung ist, dass diese nicht persönlich vorgenommen, sondern vielmehr über Werbeträger kommuniziert wird. Mögliche Werbeträger sind zum Beispiel Fernsehen, Rundfunk, Anzeigen und Plakate. Es findet eine regelmäßige Massenkommunikation statt, die im Regelfall gegen Entgelt von kommerziellen Unternehmen übernommen wird. Die Aufgabe von Werbemaßnahmen ist eine zielgruppenbezogene Bekanntmachung von Aktionen oder Leistungen. Zudem löst sie Handlungen aus und sorgt für eine Nachfragesteuerung.

Meffert und Bruhn (2003) beschreiben sechs verschiedene Werbestrategien für Dienstleistungsunternehmen, welche sich auch auf nichtkommerzielle Dienstleistungen übertragen lassen:

(1) Bekanntmachungsstrategie (z.B. zur Bekanntmachung von neuen Leistungen per Werbespot in Rundfunk oder Fernsehen),

(2) Informationsstrategie (z.B. Aids-Kampagne des Bundesgesundheitsministeriums),

(3) Imageprofilierungsstrategie (z.B. Botschaft der Caritasstiftung Deutschland „Not sehen und Handeln"),

(4) Konkurrenzabgrenzungsstrategie (z.B. der WWF in Konkurrenz zum BUND),

(5) Zielgruppenerschließungsstrategie (z.B. Werbung eines Trägers für betreutes Wohnen Behinderter als neue Zielgruppe alternativ zu alten Menschen),

(6) Kontaktanbahnungsstrategie (z.B. Werbung eines Trägers für ein Kindersorgentelefon oder die Analphabetismus-Kampagne des Bildungsministeriums).

ÖFFENTLICHKEITSARBEIT/PUBLIC RELATIONS

Die Maßnahmen der Öffentlichkeitsarbeit zielen auf eine Vertrauensbildung in der Gesellschaft ab, indem eine positive Einstellung der Organisation gegenüber erzeugt werden soll. Die Inhalte der Kommunikation beziehen sich daher hauptsächlich auf die Organisation selbst und weniger auf deren Leistungen oder Produkte. Öffentlich-keitsarbeit findet zudem häufig auf persönlicher Ebene statt. Dies kann zum Beispiel geschehen über bekannte Persönlichkeiten des öffentlichen Lebens.

PERSÖNLICHER VERKAUF

Durch den persönlichen Verkauf wird der direkte Kontakt zwischen Organisation und Kunde hergestellt und idealerweise werden Vertrags-beziehungen vorbereitet. Der persönliche Verkauf ist im Sozialmarketing ein universelles Kommunikationsinstrument, mit dessen Hilfe aber auch Aufgaben in der Distributionspolitik und in der Marktforschung bewältigt werden können.

SPONSORING/SOZIOSPONSORING

Das Sponsoring und besonders das Soziosponsoring sind relativ neue Instrumente im Marketing sozialer Organisationen. Dabei wird versucht, eine Beziehung zum gegenseitigen Nutzen zwischen Sponsor und Gesponsertem zu erzielen, indem der Gesponserte (die soziale Organisation oder ein Teil von dieser) finanziell oder materiell vom Sponsor unterstützt wird. Der Sponsor wiederum profitiert von der positiven Imagewirkung durch das Sponsoring, indem er die Part-nerschaft zu seinen eigenen Werbezwecken nutzt. Zwischen Sponsor und Gesponsertem existieren vertragliche Beziehungen mit Leistung und Gegenleistung auf beiden Seiten (vgl. Birzele, 2003; Haibach, 1998). Sponsoring bezeichnet einen Leistungsaustausch, „bei dem eine Partei der anderen die Gelegenheit gibt, im Gegenzug für Geld, Dienstleistungen oder Ressourcen eine Verbindung zu einer bestimm-ten Zielgruppe zu nutzen" (Fill, 2001, S. 458). Die Ansprache der Zielgruppe erfolgt in der Regel direkt (z.B. bei Charityveranstaltungen) oder medial vermittelt durch die Präsenz in verschiedenen Medien (z.B. Bericht von der Übergabe eines Schecks durch die Telekom AG an die Behindertenhilfe Bonn). Für den Erfolg von Sponsoringmaßnahmen ist daher das Zusammenwirken von Sponsoringgeber, Sponsoringnehmer und Medien von herausragender Bedeutung (vgl. u.a. Bruhn, 2002). Im Gegensatz zum Sponsoring wird mit einer Spende kein Anspruch auf eine Gegenleistung erzeugt. Der Übergang zwischen Sponsoring und dem durch Spenden ausgedrückten Mäzenatentum ist jedoch besonders im sozialen Bereich fließend.

DIREKT-MARKETING

Das Direkt-Marketing beinhaltet die gezielte und individuelle Ansprache einer oder mehrerer Zielgruppen oder -personen. Durch Medien wie Briefe (Mailings) oder Telefon sollen Beziehungen und Leistungsaustausch hergestellt werden. Je nach Art der Kundenansprache werden unterschieden (Meffert/Bruhn, 2003):

- Passive Direktkommunikation (Standardwerbebrief einer Organisation an bestimmte Zielpersonen),
- Reaktionsorientierte Direktkommunikation (Werbebrief mit einer beiliegenden Antwortkarte oder einem Gutschein),
- Interaktionsorientierte Direktkommunikation (z.B. Telefonmarketing).

Als weitere Instrumente der Kommunikationspolitik gelten Product Placement und Eventmarketing (Nieschlag, 2002, S. 996). Diese als „below the line"-Aktivitäten bezeichneten Instrumente der Kommunikationspolitik haben sich vor allem als Reaktion auf die Reaktanz der Verbraucher gegenüber klassischen Kommunikationsinstrumenten entwickelt.

Beim Product Placement erfolgt die Platzierung eines Produktes oder Themas in Kino- oder Fernsehfilmen. Eventmarketing versucht durch die systematische Planung, Durchführung und Kontrolle von Veranstaltungen Kommunikationssituationen mit potenziellen Nachfragern zu schaffen, die durch emotionale und physische Stimuli positiv auf mögliche Kaufentscheidungen wirken sollen.

Häufig wird auch die Verkaufsförderung als ein Instrument der Kommunikationspolitik bezeichnet. Wir widmen uns der Verkaufsförderung im Kapitel 5.10.

5.7 PERSONALPOLITIK

5.7.1 BESONDERHEITEN DER PERSONALPOLITIK

Durch den hohen Interaktionsgrad Organisation – Kunde – Mitarbeiter wird im Dienstleistungsbereich vom „magischen Dreieck" (Meffert/ Bruhn, 2003, S. 577) gesprochen. Dabei kommt der Personalpolitik eine besondere Bedeutung zu, stellt sie doch ein wichtiges *internes Marketinginstrument* dar. Folgende Besonderheiten sind zu berücksichtigen.

Besonderheit von sozialen Gütern	Implikationen für die Personalpolitik
Notwendigkeit der Leistungsfähigkeit des Anbieters	– Qualifizierung der Mitarbeiter – Einstellung von Mitarbeitern mit der Fähigkeit zur Dokumentation des Leistungspotenzials
Integration des externen Faktors und mehrdimensionaler Kundenbegriff	– Schaffung einer Mitarbeiter-Kunden-Beziehung – Externe Kundenorientierung mittels interner Kundenorientierung
Immaterialität (Nichtlagerfähigkeit, Nichttransportfähigkeit) und Standortgebundenheit	– Mitarbeiter als Qualitätsindikator – Maßnahmen der Standardisierung des internen Faktors Personal
Schwierige Qualitätsmessung	– Personal als Qualitätsindikator
Individualität der Leistung und Uno-actu-Prinzip	– Flexibilität und Fähigkeit, auf individuelle Bedürfnisse einzugehen
Starke Bindung an gesetzliche Regelungen	– Fähigkeit, die gesetzlichen Auflagen umzusetzen und zu leben
Verpflichtung auf ethische Werte	– Handeln nach spezifischen ethischen Werten

Tabelle 5-7: Besonderheiten der Personalpolitik von Sozialdienstleistungsunternehmen (in Anlehnung an Meffert/Bruhn, 2003, S. 582)

– Durch die enge Beziehung Kunde – Mitarbeiter sollten die Mitarbeiter nicht nur über technische Fähigkeiten verfügen, sondern sie sollten auch im Bereich der Kommunikationsfähigkeit qualifiziert sein. Ferner müssen Mitarbeiter in der Lage sein, das vorhandene Leistungspotenzial der Organisation dem Nachfrager zu vermitteln. Um dies zu gewährleisten, ist eine entsprechend effektive Personalauswahl und Personalentwicklung nötig.

– Vor allem bei längeren Kunden-Mitarbeiter-Beziehungen, wie sie in der Regel in sozialen Organisationen vorhanden ist, müssen die Mitarbeiter eine tragfähige Beziehung aufbauen können. Diese externe Kundenorientierung ist meist nur möglich, wenn eine entsprechende interne Kundenorientierung vollzogen wird.

– Kunden können die Qualität der Leistung nur an wenigen Kriterien abschätzen. Vor allem das Personal – die Mitarbeiter – dienen dabei als „Qualitätsindikator" (Meffert/Bruhn, 2003, S. 582). Daher gewinnen Maßnahmen zur Standardisierung des internen Faktors Personal an Gewicht: Mitarbeiter sollten nach innen als auch nach außen einheitlich auftreten (z.B. einheitliches Erscheinungsbild, sich nicht widersprechende Kommunikation nach außen etc.).

5.7.2 Personalbezogene Analysen

Wie oben ausgeführt, wird eine Reihe von Anforderungen an die Mitarbeiter gestellt. Die Wichtigkeit der Qualifikation der Mitarbeiter sei anhand der Anforderungen von Kundenkontaktpersonal in Bezug auf die drei Phasen des Dienstleistungsprozesses (Potenzial-, Prozess- und Ergebnisorientierung) dargestellt:

Potenzialorientierte Anforderungen	Prozessorientierte Anforderungen	Ergebnisorientierte Anforderungen
– Belastbarkeit – Stresstoleranz – Geistige Flexibilität – Qualifikation – Äußerer Eindruck	– Klare Ausdrucksweise – Einfühlungsvermögen – Kommunikationsfähigkeit – Empathie – Eigeninitiative	– Zuverlässigkeit – Pünktlichkeit – Kritikfähigkeit – Genauigkeit – Erreichbarkeit

Tabelle 5-8: Anforderungen im Sozialmarketing an das Kundenkontaktpersonal (in Anlehnung an Meffert/Bruhn, 2003, S. 590)

Ein Mitarbeiterportfolio oder Personalportfolio (Hentze, 1989) kann aufzeigen, inwieweit die oben genannten Anforderungen an Mitarbeiter in der Organisation vorhanden sind. Ähnlich wie bei der BCG-Portfolio-Analyse werden zwei Dimensionen mit der Ausprägung hoch – niedrig abgetragen.

Kundenorientierung	hoch	Kundenorientierte Mitarbeiter	Erfolgsmitarbeiter
	niedrig	Misserfolgsorientierte Mitarbeiter	Unternehmensorientierte Mitarbeiter
		niedrig	hoch
		Unternehmenserfolg	

Abbildung 5-9: Mitarbeiter-Portfolio einer sozialen Organisation (nach Meffert/Bruhn, 2003, S. 593)

Der Einsatz solcher Analyseinstrumente ist in dem Maße sinnvoll, in dem die richtigen Konsequenzen daraus gezogen werden. So kann man in die Matrix einzelne Personen, eine Abteilung oder die ganze Organisation eintragen. Ebenso ist ein IST-Zustand mit einem angestrebten SOLL-Zustand zu vergleichen, um dann die nächsten Schritte im Bereich Personalpolitik zu beschreiten.

5.8 AUSSTATTUNGSPOLITIK/ PHYSICAL ENVIRONMENT

Ein weiterer Bereich des Marketingmix stellt die Ausstattungspolitik dar (vgl. Magrath, 1986, S. 48). Durch den Zwang zur permanenten Bereitstellung der Leistungsbereitschaft von sozialen Dienstleistungen ergeben sich auch für das Umfeld, in dem die Leistung erbracht wird, verschiedene Implikationen, wobei das Umfeld weit zu fassen ist. Hierbei sind vor allem materielle Dinge angesprochen wie z.B. Raumausstattung oder Farbgestaltung eines Wartezimmers.

Besonderheit von sozialen Gütern	Implikationen für die Ausstattungs- politik/Physical Environment-
Notwendigkeit der Leistungsfähigkeit des Anbieters	– Vorhandensein einer positiven und angenehmen Gestaltung des Umfelds – Möglichkeit des Zugangs zu den Räumlichkeiten
Integration des externen Faktors und mehrdimen-sionaler Kundenbegriff	– Berücksichtigung der Wünsche der Kunden/des externen Faktors – Möglichkeit der Einflussnahme auf die Ausstattung bzw. Umwelt.
Immaterialität (Nicht-lagerfähigkeit, Nicht-transportfähigkeit) und Standort-gebundenheit	– Umsetzung des immateriellen Anspruchs der sozialen Dienstleistung in materielle Formen (z.B. Farb- und Formgestaltung)
Schwierige Qualitätsmessung	– Qualitätskommunikation über Ausstattung
Individualität der Leistung und Uno-actu-Prinzip	– Rasche Umsetzung von Kunden-wünschen, z.B. Wohnraumgestaltung Altenheim
Starke Bindung an gesetzliche Regelungen	– Ausstattungspolitik vom Unternehmen nicht frei gestaltbar
Verpflichtung auf ethische Werte	– Kennzeichnung und physische Kommuni-kation der spezifischen ethischen Werte

Tabelle 5-10: Besonderheiten der Ausstattungspolitik von Sozialdienstleistungsunternehmen (vgl. Kotler, 1999)

– Aufgrund der permanenten Leistungsvorhaltung ergibt sich für die
  Organisation die Möglichkeit und der Bedarf, die Umgebung, in
  der die Leistung erbracht wird, so zu gestalten, dass ein möglichst
  positiver Eindruck beim Kunde sich einstellt. So wird ein Patient
  beim erstmaligen Betreten eines Krankenhauses einen positiven
  oder negativen Eindruck bekommen, und er wird abschätzen, ob
  die Vorinformationen über das Krankenhaus mit dem Bild, das er
  vom Krankenhaus hat, übereinstimmen oder nicht. Darüber hinaus
  müssen Leistungsversprechen auch für den Kunden zugänglich
  sein. So sind geschlossene Kantinen oder Cafés in Krankenhäusern
  nicht erbrachte Leistungspotenziale, die sich auf die Beziehung
  Kunde-Leistungsanbieter auswirken können.
– Der Einbezug des externen Faktors ist abhängig von der Möglichkeit
  der Mitgestaltung des Umfelds. So können in Altenheimen die zu
  Pflegenden ihr Zimmer selbst einrichten und ihre eigenen Einrich-
  tungsgegenstände mitbringen. Manche Krankenhäuser erlauben
  z.B. in Kinderstationen, die Zimmer mit persönlichen Gegenständen
  der Kinder zu schmücken.
– Die Immaterialität der Dienstleistung wird in diesem Bereich durch
  Materialisierung ergänzt. Die gesamte Gestaltung der Umfelds bzw.
  der Ausstattung einer Organisation ist daraufhin zu überprüfen,
  inwieweit sie den Leistungsversprechen genügen. Wird z.B. der
  Eindruck einer kompetenten und qualitativ hochwertigen Beratung
  versprochen, so ist die Ausstattung der Räumlichkeiten darauf
  abzustimmen.

5.9 PROZESSPOLITIK

Das siebte P im Marketingmix ist die Prozesspolitik, die den Prozess der Leistungserstellung betrachtet. Der Charakter der meisten Dienstleistungen ist zwangsläufig an einen sequenziellen Ablauf von Einzelhandlungen gebunden. Dadurch ergibt sich eine Prozesskette von einzelnen Dienstleistungen, die der externe Faktor bei Inanspruchnahme der Dienstleistung durchläuft. Erst die Gesamtkette der Einzelleistungen ergibt für den Kunden die Dienstleistung. Durch die Besonderheiten der Dienstleistung ergeben sich für die Prozesspolitik verschiedene Implikationen.

Besonderheit von sozialen Gütern	Implikationen für die Prozesspolitik
Notwendigkeit der Leistungsfähigkeit des Anbieters	– Durchgängig hohe Leistungsbereitschaft in den einzelnen Prozessschritten – Allokation der verschiedenen Prozessschritte zur Erstellung der Prozesskette
Integration des externen Faktors und mehrdimensionaler Kundenbegriff	– Bekanntmachung der Prozessschritte – Beteiligung an der Prozesserstellung – Möglichkeit der Prozessexternalisierung
Immaterialität (Nicht-lagerfähigkeit, Nicht-transportfähigkeit) und Standortgebundenheit	– Kontinuierlich hohe Leistungsbereitschaft unabhängig von Zeiten – Schnelle Abrufbarkeit der Prozesse nach Bedarf – Bekanntmachen der Prozessschritte oder der Prozessketten
Schwierige Qualitätsmessung	– Dokumentation der Prozessschritte – Erstellung von Kriterien für die Prozessschritte
Individualität der Leistung und Uno-actu-Prinzip	– Transparenz und Kommunikation der Prozessschritte
Starke Bindung an gesetzliche Regelungen	– Erklärung für Einschränkungen bei der Prozesskette
Verpflichtung auf ethische Werte	– Einbau von spezifischen ethischen Werten in die Prozesskette

Tabelle 5-11: Besonderheiten der Prozesspolitik von Sozialdienstleistungsunternehmen (vgl. Kotler, 1999)

- Aufgrund des Zwangs zur permanenten Leistungsvorhaltung ergibt sich für die Organisation ein permanenter Leistungsdruck: Ein Patient, der eine medizinische Diagnostik im Krankenhaus durchläuft, erwartet auf jeder Prozessstufe ein qualitativ hochwertiges Handeln des Personals. Ebenso wird ein reibungsloser Ablauf, d.h. ein aufeinander gut abgestimmtes Handeln der einzelnen Akteure, erwartet. Zugleich sind längere Wartezeiten zwischen den Prozessschritten nicht erwünscht.

- Der Einbezug des externen Faktors kann den zeitlichen oder optimierten Ablauf der Prozesskette beeinflussen und positiv verändern. Sind dem Kunden die einzelnen Prozessschritte vorher bekannt, kann er sich darauf einstellen, kann z.B. nötige Unterlagen schon vorher besorgen, die einen reibungsloseren Ablauf ermöglichen.

- Die Immaterialität der Dienstleistung erschwert dem externen Faktor, vorher die Prozesskette zu erkennen. Eine Berücksichtigung der Implikationen bezüglich der Immaterialität in der Prozesspolitik setzt hierbei an, indem z.B. die Prozessschritte dem Kunden vorher vermittelt werden. Dies kann schriftlich, mündlich oder elektronisch erfolgen. Hierbei sind aktive Schritte seitens der Organisation ebenso nötig wie die passive Bekanntgabe, z.B. im Internet.

5.10 VERKAUFSFÖRDERUNG

5.10.1 BESONDERHEITEN DER VERKAUFSFÖRDERUNG

Häufig wird die Verkaufsförderung als ein Element der Kommunikationspolitik diskutiert. So zählen Nieschlag/Dichtl/Hörschgen zur Kommunikationspolitik die Elemente Werbung, Verkaufsförderung, Öffentlichkeitsarbeit und „neue Erscheinungsformen der Kommunikationspolitik" (Nieschlag et al., 2002, S. 995) wie Sponsoring, Product Placement, Direktmarketing und Eventmarketing (ähnlich Becker, 1998, S. 489; Fill, 2001, S. 26; Kotler, 1989, S. 488ff.). Andere Autoren billigen der Verkaufsförderung einen eigenständigen Charakter als Marketinginstrument zu (z.B. Pflaum et al., 2000) und begründen dies mit der Verwendung einer Vielzahl marketingpolitischer Instrumente aus der

- Kommunikationspolitik (z.B. Aktionsanzeigen, Sonderveranstaltungen, Aufsteller, Probenverteilung),
- Produktpolitik (z.B. Zusatzausstattungen, Produkt-Sondergrößen, „Geld-zurück-Angebote", Aktionsverpackungen),
- Preispolitik (z.B. Aktionspreise, Preisnachlässe, Stammkundenbonus),
- Distributionspolitik (Vertreteraktionen, Regalplatzierungen, zeitlich befristete Nutzung neuer Vertriebskanäle)

bei Maßnahmen der Verkaufsförderung. Daher erscheint es sinnvoll „unter Verkaufsförderung alle marketingpolitischen Maßnahmen, egal ob kommunikations- oder nicht kommunikationsbezogen, einzubeziehen, die den Absatz von Leistungen kurzfristig und unmittelbar aktivieren sollen" (Pflaum et al., 2000, S. 13) (vgl. Abbildung 5-1).

Damit besteht Verkaufsförderung „aus kurzfristig bereitgestellten Zusatznutzen, die zu den grundsätzlichen Vorteilen des Produkts hinzukommen. Durch diese kurzfristigen Zusatznutzen soll der Interessent zur sofortigen Umsetzung der Kaufabsicht ermutigt und veranlasst werden" (Kotler et al., 2003, S. 932).

In Abgrenzung zur vorrangig erläuternden und informierenden Funktion der Werbung zielt die Verkaufsförderung in erster Linie auf die unmittelbare Motivation, den Kauf zu vollziehen.

Abbildung 5-1: Einordnung der Verkaufsförderung in den Marketing-Mix

Verkaufsförderung kann dabei auf die eigenen Mitarbeiter (Staff), den Handel (Trade) oder den Konsumenten (Consumer) gerichtet sein (Bruhn, 1997, S. 423). Zielt die Verkaufsförderung auf die eigenen Mitarbeiter, dabei in erster Linie auf die eigene Vertriebsorganisation, werden vor allem Informationsmaßnahmen, Verkaufsschulung, Trainings, Materialausstattung sowie die materielle Stimulation, wie beispielsweise Incentive-Reisen, Verkäuferwettbewerbe, Prämien und Provisionen, eingesetzt. Bei auf den Handel gerichtete Verkaufsförderungsmaßnahmen ist zunächst zwischen Hineinverkaufsmaßnahmen (Push Promotion) und Hinausverkaufsmaßnahmen (Pull Promotion) zu unterscheiden. Push-Promotion unterstützt den Verkauf von Produkten an den Handel, z.B. durch Rabatte, Listungsgebühren und Werbekostenzuschüsse. Pull-Promotion fördert den Abverkauf durch Endkunden aus dem Handel heraus. Hierfür sind Sonderplatzierungen, Gewinnspiele und die Bereitstellung von Verkaufsdisplays weit verbreitete Maßnahmen.

Bereits die Pull-Promotion im Handel zielt letztlich auf den Konsumenten als Endabnehmer der Güter oder Dienstleistungen. Weitere Möglichkeiten, den Konsumenten zu einer sofortigen Kaufentscheidung zu motivieren, werden u.a. durch den Einsatz von Coupons, Mailings, Treue- und Mengenrabatten, Promotionsartikel direkt und u.a. durch Gewinnspiele am Point of Sale (POS), Displays und Sonderplatzierungen indirekt erreicht. Während Verkaufsfördermaßnahmen im Konsumgüter- und Dienstleistungssektor Spontan- und Impulskäufe auslösen können, verbessern sie im Bereich der Produktivgüter eher die Absatzchancen, da der Kauf von Produktivgütern längeren Entscheidungszyklen folgt.

5.10.2 Besonderheiten von Massnahmen der Verkaufsförderung im Sozialmarketing

Maßnahmen der Verkaufsförderung im Bereich sozialer Produkte und Dienstleistungen unterliegen speziellen Anforderungen, wenn eine oder mehrere in Kapitel 1.4 beschriebenen Besonderheiten das soziale Gut charakterisieren. Dabei geht es weniger um die mit einem hohen Dienstleistungsanteil verbundenen Spezifika als um die Faktoren

– Individualität der Leistung,
– Überwachung des Verbrauchs und Sanktionierung des Nichtverbrauchs,
– starke Bindung an gesetzliche Regelungen,
– mehrdimensionale Kundenverflechtung,
– fehlende Marktpräsenz.

Ist das soziale Gut durch eine hohe Individualität der Leistung gekennzeichnet, differieren die Faktoren, die zu Kernvorteilen für den Kunden führen, sehr stark. Das Gut ist weniger normierbar, schwieriger generell beschreibbar und tendenziell stärker erklärungsbedürftig. Spontan- und Impulskäufe sind seltener, Verkaufsförderung verbessert in erster Linie

die Absatzchancen. Ähnliche Phänomene treten bei mehrdimensionalen Kundenverflechtungen auf. Hier muss die Verkaufsförderung nicht
nur auf unterschiedliche Kunden und Kundengruppen, sondern auch
auf die Verflechtung der Interessentengruppen reagieren.

Wird der Verbrauch des sozialen Gutes stark überwacht und der
Nichtverbrauch sanktioniert, sind Verkaufsfördermaßnahmen oftmals
ein ungeeignetes Marketinginstrument. Zwar sollen Verkaufsfördermaßnahmen den Verbrauch kurzfristig fördern, bei Verbrauchszwang
scheinen jedoch langfristige Marketingmaßnahmen flankierend zu
psychologischen Interventionen Erfolg versprechender.

Gesetzliche Regelungen engen in vielen Fällen den Gestaltungs-
spielraum im Marketing Mix und in der Verkaufsförderung ein. Dies
betrifft nicht nur die Einschränkung bei der Werbung, sondern auch
die Produkt- und Preisreglementierungen. Ist das Maß der Regle-
mentierung sehr groß, wird die Funktion des Marktes praktisch außer
Kraft gesetzt. Marketing und Verkaufsförderung ist jedoch per se auf
weitgehend funktionierende Marktmechanismen angewiesen.

5.11 Kundenbindung, Beziehungsmarketing und Anspruchsgruppenstrategie

Geht man von einer Austauschbarkeit von Dienstleistungen aus Sicht des Kunden aus, so ergibt sich für den Ersteller einer Dienstleistung zwangsläufig die Folge, dass Kunden nicht an einen Leistungserbringer per se gebunden sind. Soweit keine Monopolstellung vorhanden ist, besteht ständig die Gefahr, dass Kunden zum Wettbewerber wechseln. Dem zu begegnen, versucht die Strategie der Kundenbindung. Das Konstrukt der Kundenbindung ist dabei differenziert zu betrachten. Kundenbindung im Dienstleistungsbereich kann an eine spezielle Leistung, an eine Person oder an eine Organisation erfolgen (Söllner, 2001, S. 847). Aus diesem Grunde ergibt sich für Organisationen der Ansatz einer differenzierten Kundenbindungsstrategie. Der klassische Ansatz des Transaktionsmarketing wird hierbei ersetzt durch den Ansatz des Beziehungsmarketing (engl. Relationship Marketing), bei dem die Überlegung im Vordergrund steht, dass im Dienstleistungsbereich letztlich der Erfolg eines Unternehmens durch die Gestaltung der Kundenbeziehung sich ergibt (Diller, 2001).

Kundenbindung stellt hierbei eine Unterform des Beziehungsmarketings dar. Wird mithilfe von Software gezielt ein Beziehungsmarketing eingesetzt, spricht man von Customer Relationship Management (CRM).

In sozialen Organisationen sind die Überlegungen des Beziehungsmarketings an die besonderen Bedingungen anzupassen. Jede soziale Organisation steht in einem komplexen Beziehungsgeflecht zu den unterschiedlichsten Anspruchsgruppen, eine einfache Zweier-Relation Leistungsanbieter – Kunde ist eher selten anzutreffen. Es gilt daher, die verschiedenen Anspruchsgruppen (z.B. im Krankenhaus die Patienten, Patientenangehörige, Krankenkasse bzw. Versicherung) auf unterschiedliche Art und Weise in ein Beziehungsmanagement, das systematisch etabliert sein sollte, zu integrieren. Die oben beschriebene Austauschbarkeit auf unterschiedlichen Ebenen führt zu drei grundlegenden Richtungen in der Kundenbindung. Je nach Art der Dienstleistung sind Organisationen gezwungen, Kunden entweder

neu zu gewinnen, Kunden zu binden oder alte Kunden wieder zu gewinnen. Ein Anspruchsbindungsmanagement kann hierbei auf drei unterschiedlichen Ebenen erfolgen: (vgl. Bruhn, 2005, S. 218ff.):
– Anspruchsgruppenakquisitionsstrategie,
– Anspruchsgruppenbindungsstrategie,
– Anspruchsgruppenrückgewinnungsstrategie.

Je nach Art der sozialen Dienstleistung sind alle drei Strategien zu verfolgen, wobei in der Praxis soziale Organisationen üblicherweise die ersten beiden mehr oder weniger erfolgreich umsetzen.

5.11.1 ANSPRUCHSGRUPPENAKQUISITIONSSTRATEGIE

Bei der Anspruchsgruppenakquisitionsstrategie wird das Ziel verfolgt, neue Anspruchsgruppen zu gewinnen, die die Dienstleistung beansprucht bzw. mithelfen, diese zu generieren. So kann eine neu konzeptualisierte Einrichtung für drogenabhängige jugendliche Spätaussiedler das Ziel verfolgen, eine möglichst rasche Belegung mit Patienten zu erreichen. Auf der anderen Seite kann eine Tierschutzorganisation bemüht sein, neue Mitglieder zu akquirieren.

Die Art und Weise der Herangehensweise kann auf kognitiven Eben mittels argumentativer Überzeugung oder auf der emotionalen Ebene mittels Stimulierung z.B. durch schockierende Bilder erfolgen. Die Akquisitionsstrategie ist vor allem dort anzutreffen, wo ein hart umkämpfter Markt herrscht und eine hohe Fluktuation der Anspruchsgruppen möglich ist.

5.11.2 ANSPRUCHSGRUPPENBINDUNGSSTRATEGIE

Bei der Anspruchsgruppenbindungsstrategie versucht der Leistungserbringer, einen Aufbau stabiler, langfristiger Beziehungen zu erreichen. Die positiven Folgen dieser Strategie liegen einerseits in der Erfahrung, dass die Fortsetzung einer Kundenbeziehung weniger kostspielig ist als die Gewinnung ständig neuer Kunden (Söllner, 2001). Um eine längerfristige Bindung zu erreichen, können unterschiedliche Strategien verfolgt werden. Generell lässt sich die Gebundenheits- von der Verbundenheitsstrategie unterscheiden (Ramme, 2004).

Eine Gebundenheit von Anspruchsgruppen ist gekennzeichnet durch folgende Punkte:

- Ein Aufbau von Wechselbarrieren, z.B. Kosten bei Kündigung oder Fälligkeit einer jährlichen Gebühr,
- Etablierung eines Nicht-Wechseln-Könnens, z.B. wenn Mitgliederverträge über ein oder mehrere Jahre fixiert sind,
- das Bindungsinteresse liegt beim Anbieter, z.B. eine möglichst hohe Mitgliederzahl in einem Verein.

Sind Anspruchsgruppen derart gebunden, ergeben sich Vorteile aus dieser Gebundenheitsstrategie für Organisationen. Sie sichert so längerfristig Marktanteile, steigert die Höhe der Rentabilität und gewinnt Zeitvorteile durch geringere Akquisitionskosten.

Bei einer Verbundenheit hingegen stehen die Bindungsaspekte im Gegensatz zu den oben genannten Aspekten im Mittelpunkt:

- es gibt keine Wechselbarrieren (z.B. keine Gebühren für Beendigung eines Vertrages),
- im Vordergrund steht ein Nicht-Wechseln-Wollen. Es existieren keine Verträge über eine längere Verpflichtung (keine Fixierung eines Vertrages zwischen Kunde – Anbieter),
- das Bindungsinteresse geht vonseiten des Kunden aus.

In diesem Fall hat der Nachfrager jegliche Freiheit, die Beziehung zu beenden. Z.B. können etwa langjährige Spender ohne jegliche Nachteile ihre Spende einstellen. Ob es hingegen zu einer moralischen Wechselbarriere kommt, liegt dann an der Gestaltung des Beziehungsmarketings.

5.11.3 ANSPRUCHSGRUPPENRÜCKGEWINNUNGSSTRATEGIE

Die Anspruchsgruppenrückgewinnungsstrategie versucht, eine drohende Abwanderung zu verhindern oder tatsächlich Abgewanderte wieder an sich zu binden. Als zentrale Ziele können hier genannt werden (Bruhn, 2005):

- Verhinderung einer negativen Mund-Propaganda,
- Verbesserung der Informationslage in Bezug auf die Abwanderungsgründe,
- Entwicklung von Anreizen für eine erneute Gewinnung der Anspruchsgruppen.

Die Rückgewinnungsstrategie ist bei sozialen Organisationen meist gering entwickelt. Es hängt auch von der Wichtigkeit der Abgewanderten ab, ob diese Strategie weiter verfolgt wird. Je nachdem, ob z.B. eine Rückgewinnung sinnvoller ist als eine Neuakquisition, wird dieser Aspekt der Kundenbindungsstrategie verfolgt. Bruhn (2005, S. 222) unterscheidet hierbei folgende Rückgewinnungsstrategien:

- die Wiedergutmachungsstrategie (z.B. Kompensation für mangelnde Leistungen),
- die Nachbesserungsstrategie (z.B. wiederholte Leistungserbringung)
- die Stimulierungsstrategie (z.B. Anreize für eine erneute Bindung durch Gratisgeschenke),
- die Überzeugungsstrategie (z.B. verbesserte Rahmenbedingungen für die Mitarbeit ehemaliger Ehrenamtlicher).

Dem Vorteil einer gelungenen Kundenbindung stehen aber auch mögliche Beziehungsrisiken gegenüber, wie sie in der Diskussion um Ver- oder Gebundenheitsstrategien geführt werden (vgl. Diller, 2001; Ramme, 2004). Söllner (2001, S. 849) diskutiert unter diesem Aspekt, ob Kunden überhaupt an einer Bindung interessiert sind. Nur wenn der subjektive Nutzen höher als der Bindungsaufwand eingeschätzt wird, lohnen sich Ansätze der Kundenbindungsstrategie. Weiterhin muss die Frage gestellt werden, ob die geforderte Abhängigkeit seitens des Anbieters in späteren Situationen zu einer opportunistischen Handlung führen kann („hold up-Risiko"). Dies wurde bei der Diskussion um das Thema „Informationsasymmetrien" (siehe Principal-Agent-Theorie in Kap. 2.2.1.2) besprochen. Schließlich besteht ein Imitations- und Substitutionsrisiko, bei dem Wettbewerber ähnlich gute oder bessere Leistungsangebote entwickeln und so eine Kundenbindung für die Anspruchsgruppen obsolet werden lassen.

6. Organisation und Steuerung von Prozessen des Sozialmarketings

6.1 Grundlagen für die Organisation und Steuerung von Prozessen des Sozialmarketings

Viele Sozialmarketingstrategien stoßen in der Praxis auf großen Widerstand, dabei spielt es oft keine Rolle, wie sorgfältig vorbereitet und ausgearbeitet sie sind. Der Widerstand bzw. die Grenzen der Implementierung einer Sozialmarketingstrategie können interne oder externe Barrieren darstellen, seien sie personeller, struktureller oder finanzieller Art (vgl. Birzele, 2006).

Aufgrund der Neuartigkeit des Marketingdenkens in sozialen Unternehmen kann es gerade beim Personal zu erheblichen Gegenwirkungen kommen, die sorgfältig analysiert und beantwortet werden müssen. Trotz der möglichen Hindernisse auf dem Weg einer erfolgreichen Implementierung gibt es auch positive Erfolgsbedingungen (vgl. Tarlatt, 2001), die genannt werden können, damit eine zeitnahe, praktikable und sinnvolle Umsetzung gegeben ist.

(1) Neben den unten genannten Hauptfaktoren spielen hauptsächlich in sozialen Organisationen die finanziellen Ressourcen als Grundlage einer Implementierungsmöglichkeit eine bedeutende Rolle.

(2) Ein weiterer Hauptfaktor einer Implementierung einer Sozialmarketingstrategie stellt die Organisationskultur dar, in die das Handeln und Verhalten von Organisationsmitarbeitern einbettet ist. Durch das Uno-actu-Prinzip sind die Leistungsprozesse nur dann erfolgreich zu vollbringen, wenn z.B. eine Kultur der Flexibilität der Mitarbeiter vorhanden ist oder wenn das immer stärker werdende Anspruchsdenken von Anspruchsgruppen in Bezug auf die zu erbringende Leistung eine Kundenorientierung bedingt, die bisher nicht im Verhaltensrepertoire von Mitarbeitern vorhanden war.

(3) Die Instrumente von Managementsystemen können helfen, ein reibungsloses Marketing zu etablieren.

(4) Die Organisationskultur mitsamt ihren personellen Ressourcen können nur dann erfolgreich sein, wenn sie in einer Organisationsstruktur eingebettet ist, die die Voraussetzung dafür bereitstellt. Folglich sind auch organisationsstrukturelle Erfolgskriterien zu beleuchten.

6.2 FINANZIELLE RESSOURCEN

Eine Implementierung einer Marketingstrategie bindet zwangläufig finanzielle Ressourcen, die vor allem in sozialen Organisationen nur begrenzt zur Verfügung stehen. Darüber hinaus ist zum Teil eine Grundhaltung vorhanden, dass diese Mittel nur zweckgebunden verausgabt werden dürfen. Mitunter gibt es Mitgliederversammlungen, die es als eine unnötige Ausgabe sehen, wenn Marketingmaßnahmen durchgeführt werden sollen. Es gilt also einen realistischen Blick auf die Rahmenbedingungen zu werfen, unter denen eine Gestaltung und Steuerung von Sozialmarketingaktivitäten stattfinden kann. Unerlässlich ist es, einen Budgetplan aufzustellen, der die wichtigsten finanziellen Kriterien einer Umsetzung eines Marketingplans beinhaltet. Damit verbunden ist ein Zeit- und Ressourcenplan, um die wichtigsten Meilensteine einer Marketingkonzeption darzustellen. Je kleiner eine Organisation ist, desto eher sollte sie sich durch externe Fachkräfte unterstützen lassen, da das Know-how für den Implementierungsprozess und die interne Akzeptanz einer Implementierung nicht vorhanden oder nur gemeinsam mit Experten zu entwickeln ist.

6.3 ORGANISATIONSKULTUR

Selbst wenn die finanzielle Ausstattung der Organisation es zulässt, ist eine gute Organisationskultur von Nöten, um Sozialmarketingkonzepte umzusetzen.

6.3.1 BEGRIFF DER ORGANISATIONSKULTUR

Der Begriff der Organisationskultur beschreibt eine Reihe von gemeinsamen Wert- und Normvorstellungen als auch Denk- und Verhaltensmuster, die einen hohen Einfluss auf die Motivation, die Entscheidungen und Aktivitäten des Personals einer Organisation ausüben (Schober, 2001, S. 1234). Als Grundlage für Veränderungsprozesse, die bei der Einführung einer Sozialmarketingkonzeption unerlässlich sind, ist die Kultur so zu verändern, dass eine positive Organisationskultur vorhanden ist, die solche Veränderungen zulassen. Nun sind aber – wie oben beschrieben – hier besonders viele Widerstände zu erwarten. Eine „nicht marketingkonforme Organisationskultur" (Bruhn, 2005, S. 461) kann dabei aufgrund verschiedener Parameter erkannt werden. Dies ist wichtig, um überhaupt Prognosen stellen zu können, ob und inwieweit eine Umsetzung von Marketingstrategien möglich ist. Folgende Punkte können ein Indiz für eine nicht marketingkonforme Organisationskultur sein (Bruhn 2005, S. 461):

– wenn Führungspositionen fast ausschließlich mit Personen besetzt sind, die keinen Bezug sowohl ihrer Ausbildung als auch ihrer Funktion her zum Marketing aufweisen,
– wenn Führungskräfte keine oder nur sehr wenig Kontakt zu den unterschiedlichen Anspruchsgruppen pflegen,
– wenn viele Mitarbeiter Marketing als unnötig ansehen und als Geldverschwendung titulieren,
– wenn ein hoch ausgeprägtes Bürokratiedenken und -handeln etabliert ist,
– wenn es keinen oder kaum Austausch zwischen den Leistungserbringern und den Leistungsempfängern bzw. den Anspruchsgruppen gibt.

6.3.2 VERÄNDERUNG VON ORGANISATIONSKULTUR

Auch wenn eine Veränderung einer Organisationskultur nur über einen längeren Zeitraum geht und der Prozess sich oft als schwierig und mit vielen Hindernissen behaftet zeigt, sind dennoch eine Reihe von Instrumenten vorhanden, die helfen können, die Organisationskultur zu wandeln (von Eckardstein/Zauner, 2002, S. 555):

– Informationsinstrumente: Überwindung von Informationsdefiziten von Mitarbeitern z.b. durch Betriebsversammlungen, Nutzen interner Kommunikationswege wie z.b. E-Mails etc.

– Partizipationsinstrumente: Teilnahme von Mitarbeitern an Strategieworkshops, an Planungstreffen,

– Motivationsinstrumente: erlebte positive Belohnungen wie Incentives; Delegation von Verantwortung,

– Personalentwicklungsinstrumente: Entwicklung eines persönlichen Weiterbildungsplans bezogen auf ein bestimmtes Thema (z.B. Qualifikation als Experte für ein bestimmtes Gebiet),

– Personalauswahlinstrumente: Beachtung einer Marketingkompatibilität neuer Mitarbeiter.

Bei allen Erfolgsaussichten durch die Anwendung der oben genannter Instrumente ist eine Veränderung der Organisationskultur ein langer und teilweise schwieriger Prozess. Nur Nachhaltigkeit und Hartnäckigkeit im Prozessverlauf können hier zum Erfolg führen.

6.4 MANAGEMENTSYSTEME

Neben einer unterstützenden Organisationskultur sind mit Hilfe von Managementsystemen Instrumente zu implementieren, die ein reibungsloses Marketing erlauben. Dabei sind die vielfältigen Anforderungen von sozialen Aufgaben (z.B. Fundraisingaktivitäten) zu berücksichtigen, verlangen sie doch eine differenzierte Umsetzung. Unter Managementsystemen versteht man eine Reihe von Verfahren, die es erlauben, die kontinuierlichen Marketingaufgaben zu bewältigen (Bruhn, 2005). Es können verschiedene Sub-Systeme unterteilt werden, die neben dem Planungssystem auch Kontroll-, Organisations-, Personal- und Informationssysteme beinhalten (Küpper, 2001). Neben dem Informations- und Kontrollsystem sind Kommunikationssysteme bei sozialen Organisationen von besonderer Bedeutung.

6.4.1 INFORMATIONSSYSTEME

In der betrieblichen Praxis zeigt sich, dass bei Entscheidungen der Informationsgrad, also der Anteil der möglichen Information an der tatsächlichen Information, stets unter eins ist, es also keinen Zustand gibt, bei dem alle relevanten Informationen vollkommen vorliegen (Pepels, 1995). Um dem aber nahezukommen, werden Informationssysteme implementiert. Informationssysteme beinhalten die Aufnahme, Speicherung, Verarbeitung und Ausgabe von Informationen bezüglich der relevanten internen und externen Anspruchsgruppen. Hierunter fallen z.B. die Bereiche der Finanzierung, die Kunden- bzw. Mitgliederverwaltung etc. Besonders wichtig erscheint eine integrierte Verbindung einzelner Subsysteme, um komplexe Daten bei Informationsbedarf zu aggregieren. Sinnvoll erscheint in diesem Zusammenhang ein spezielles Marketinginformationssystem, das ein Verfahren erlaubt, „zur Gewinnung, Zuordnung, Analyse, Bewertung und Weitergabe zeitnaher und zutreffender Informationen, die dem Entscheidungsträger bei Marketingentscheidungen helfen" (Kotler/Bliemel, 2001, S. 191). Ein funktionierendes Marketinginformationssystem erlaubt es, zielgerichtet marketingrelevante Aspekte qualitativ oder quantitativ zu erfassen. Natürlich muss bei der Einrichtung solch eines Systems berücksichtigt werden, dass die Kosten gleich hoch wie oder geringer sind als der erwartete Nutzen.

Ebenso wichtig erscheint, dass Informationssysteme handhabbar und leicht zugänglich konfiguriert sind. Daten, an die man nicht herankommt, sind überflüssiger Ballast. Weiterhin gilt, dass die Informationen aktuell, relevant, objektiv und eindeutig sein sollten. Ebenso ist zu unterscheiden, ob die Daten externe oder interne Bereiche betreffen. Abbildung 6-1 zeigt exemplarisch verschiedene Kategorien von Daten (vgl. Meyer/Davidson, 2001):

Beispiel: Marketinginformationssystem	
Externe Daten	– Bericht von Verbänden etc. – Aktivitäten der Wettbewerber – Ergebnisse von Anspruchsgruppenbefragungen – Erfolgsprüfung von Öffentlichkeitsarbeit – Anzahl Sponsoren, Spender
Interne Daten	– Umsatzstatistiken – Belegungszahlen – Deckungsbeitragsrechnungen – Ergebnisse von Mitarbeiterbefragungen – Krankenquote – Mitarbeiterfluktuation – Zahl Ehrenamtlicher

Tabelle 6-1: Beispiele für externe und interne Daten (in Anlehnung an Meyer/Davidson, 2001, S. 562).

6.4.2 KONTROLLSYSTEME

Hierunter werden sämtliche Aktivitäten subsumiert, die zu einer effektiven Kontrolle der Prozesse für die Leistungserbringung unter besonderer Berücksichtigung des Marketing führen. Wie bei den Kommunikationssystemen kann auch hierbei eine Innen- und Außensicht eingenommen werden (Bruhn, 2005, S. 457).

Die nach innen gerichteten Systeme basieren auf der Grundlage einer Datenerfassung anhand von Kenngrößen wie die in Tab. 6-1 enthaltenen Beispiele für externe und interne Daten. Als Voraussetzung für Entscheidungen im Bereich Personalbeschaffung, -freisetzung oder

Personalentwicklung sind sie unterlässlich. Kennzeichnend sind auch hier die Voraussetzungen, über aktuelle Daten zu verfügen. Neben der Leistungskontrolle, die den Versuch darstellt, quantitative als auch qualitative Zahlen über Personalleistungen zu erhalten (z.B. Anzahl der Beratungsgespräche pro Woche), bieten Verhaltenskontrollsysteme eine weitere wichtige Möglichkeit zur Datengewinnung. Hierbei wird mittels Beobachtungen, Tests oder Befragungen die Leistungsqualität erfasst und mit den vorher gesteckten Anforderungszielen verglichen. Dabei ist zu beachten, dass je persönlichere Daten erhoben werden, Vorbehalte seitens der Mitarbeiter auftreten können und sich Reaktanzeffekte einstellen.

Betrachtet man die außengerichteten Kontrollsysteme, sind hier vor allem diejenigen Anspruchsgruppen betroffen, die die Leistung erhalten, also die Leistungsempfänger. Jeder Organisation sollte daran gelegen sein, Kennzahlen über den Grad des Erfolges einer Leistung zu erhalten. So sind Nachuntersuchungen über erfolgreiche Therapien unerlässlich, um gegenüber dem Kostenträger die Existenzberechtigung zu beweisen. Wie bei internen Kontrollsystemen spielen hierbei auch Methoden wie Tests, Befragungen mittels Längsschnittstudien eine wichtige Rolle.

Neben den Leistungsempfängern gibt es noch andere externe Anspruchsgruppen, die in ein Kontrollsystem miteinbezogen werden sollten. Dementsprechend ist es auch für ehrenamtliche Helfer wichtig, über ihre Erfolge zu berichten, und im Gegenzug ist es von Vorteil, wenn ihre Erfolge positiv erwähnt werden. Grundlage dazu sind eben effiziente Kontrollsysteme.

6.4.3 KOMMUNIKATIONSSYSTEME

Wie beim internen und externen Marketing sind bei der Etablierung von Kommunikationssystemen auch zwischen internen und externen zu unterscheiden. Beide haben ihre eigene Funktion. Bei der internen Kommunikation liegt der Hauptaspekt auf der Informationsfunktion und reibungslosen Kommunikation der Mitglieder untereinander. Eine horizontale interne Kommunikation soll die Verständigung der Mitarbeiter fördern, eine vertikale Kommunikation die der Mitarbeiter mit der Leitungsebene.

Die Funktion der externen Kommunikation bezieht sich auf die Informations- und Kommunikationsfunktion der Organisation mit den relevanten Anspruchsgruppen. So können Leistungsträger und Leistungsempfänger miteinander in Kontakt treten. Zu denken ist hierbei z.B. an ein klassisches Instrument der Kommunikationspolitik: Öffentlichkeitsarbeit. Zunehmend etablieren sich auch hier die Möglichkeiten der modernen Kommunikation mittels elektronischer Medien, z.B. E-Mail-Newsletter.

6.5 ORGANISATIONSSTRUKTUR

Die erfolgreiche Implementierung einer Marketingstrategie in einer Organisation ist eng verbunden mit ihrer Organisationsstruktur. Wie oben besprochen wurde, sind neben den Faktoren Managementsysteme und Organisationskultur die vorhandenen Strukturelemente zu beleuchten, inwieweit sie einer Marketingorientierung zuträglich sind oder nicht. In der Praxis zeigt sich, dass viele soziale Organisationen in ihrer Struktur eine hohe Ähnlichkeit des öffentlichen Dienstes besitzen, nicht nur was die rechtlichen Regelungen z.B. im Tarifbereich betrifft. Kleinere Vereine verfügen teilweise über gering ausgeprägte Strukturen in Bezug auf Marketingorientierung, da keine hierarchische Ebene benannt ist, die sich für dieses Themenfeld explizit verantwortlich fühlt.

Eine ausgeprägtere Marketingorientierung sozialer Organisationen stellt verschiedene Anforderungen an die Organisationsstruktur (vgl. Meffert, 2000, S. 1064; Bruhn, 2004, S. 279) und bedingt folgende Konstrukte für ein Gelingen:

– Integriertes Marketing: Sämtliche Marketingprozesse und -abläufe einer sozialen Organisationen sollten aufeinander abgestimmt sein, um eine anspruchsgruppenoptimierte Versorgung der sozialen Dienstleistung zu gewährleisten.

– Flexibilität der Organisationsstruktur: Nur wenn eine Organisation einen hohen Grad an Anpassungsfähigkeit an veränderte Rahmenbedingungen gewährleistet, kann sie flexibel Entscheidungen im Sinne marktorientierter Unternehmensführung durchführen.

– Innovationsbereitschaft: Auch soziale Organisationen sind gezwungen, ihre Dienstleistungsangebote an den Markt anzupassen. Dies können sie aber nur dann vollbringen, wenn sie neue Leistungen entwickeln und rasch auf den Markt bringen.

– Spezialisierungsbereitschaft: Ist gewünscht, dass z.B. Marktforschungsaufgaben zu erledigen sind, können diese diejenigen Abteilungen durchführen, die sich auf diesem Gebiet spezialisiert haben.

– Hohe Motivation und Teamorientierung von Mitarbeitern: Einige Studien (vgl. Barnes, 1989; Stauss, 2000) belegen, dass eine ausgeprägte Mitarbeiterorientierung bzw. ein ausgeprägtes internes Marketing einen positiven Einfluss auf die externen Leistungen ergibt.

Aufgrund der vielfältigen Ausprägungen in der Aufbau- und Ablauforganisation sozialer Unternehmen sind keine einfachen Regeln für die Gestaltung der Marketingorientierung möglich und wünschenswert. Trotzdem kann mit Bruhn (2005, S. 445) auf Gestaltungsmöglichkeiten und -empfehlungen eingegangen werden:

- Organisatorische Verankerung des Marketings: Ab einer mittleren Größe ist der Aufbau einer eigenen Marketingabteilung sinnvoll und zu befürworten. Alternativ können externe Marketingaktivitäten vergeben bzw. eingekauft werden.

- Dezentralisierung von Entscheidungen: Lange Dienstwege lassen – gerade bei aktuellen Reaktionsbedürfnissen wie z.B. einer Stellungnahme zu einem Vorfall – das Risiko einer viel zu späten Öffentlichkeitsarbeit im Sinne einer Aufklärung eines Sachverhaltes wachsen.

- Erweiterung der Entscheidungs- und Handlungskompetenzen: Wenn Mitarbeiter im Sinne einer anspruchsgruppenorientierten Haltung rasch reagieren müssen, können sie dies nur tun, wenn ihnen die nötigen Handlungskompetenzen übertragen wurden. Neben der Motivationsfunktion ist die aktive Marketingorientierung auch im Sinne der Anspruchsgruppen.

- Förderung der funktions- und teamübergreifenden Zusammenarbeit: Die hohe Komplexität bei der Leistungserstellung sozialer Dienstleistungen erfordert eine gut koordinierte Zusammenarbeit sowohl der hauptamtlichen als auch der ehrenamtlichen Mitarbeiter.

Bei der Umsetzung der Maßnahmen ist darauf zu achten, dass sowohl auf die Struktur der Organisation Rücksicht genommen wird als auch auf die Besonderheiten der jeweiligen Kultur.

7. Ökonomische und soziale Handlungslogiken: ein Widerspruch?

Betriebswirtschaftliche Aspekte stoßen in Institutionen der Sozialwirtschaft häufig auf Skepsis. Davon ist auch das Sozialmarketing betroffen. „Wir verkaufen nichts und uns gleich gar nicht", ist ein häufig artikulierter Vorbehalt. Damit ist die Ausrichtung der Sozialwirtschaft an ökonomischen Handlungslogiken und die Hinwendung zu betriebswirtschaftlichen Instrumentarien in Bezug auf die ethischen und moralischen Fundamente der Sozialwirtschaft angesprochen.

Kritiker befürchten, dass die Ökonomisierung der Sozialwirtschaft die Orientierung am Menschen verdrängt (so z.B. Schmidt-Grunert, 1996; Grams, 2000).

Eine solche Auffassung setzt folgende Annahmen voraus:

1. Der Sozialwirtschaft in ihrer ursprünglichen Form ist die Orientierung an den Bedürfnissen der Menschen besser gelungen, als dies einer ökonomisch orientierten Sozialwirtschaft gelingt oder gelingen wird.
2. Die Sozialwirtschaft in ihrer ursprünglichen Form konnte nahezu ohne Rücksicht auf ökonomische Gegebenheiten agieren.

Beide Aspekte erweisen sich als nicht stichhaltig. Im Kern geht es um das Verhältnis von individuellem Bedarf und bereitgestellten Gütern und Dienstleistungen. Die Koordination dieser Nachfrage mit einem adäquaten Angebot kann durch Planung, durch den Markt oder durch eine Mischung aus beidem erfolgen (vgl. Kapitel 2.2.1). Gäbe es eine Institution, die die individuellen Bedarfe zu jedem beliebigen Zeitpunkt vorhersehen könnte, wäre die Erstellung der zur Bedarfsdeckung notwendigen Güter und Dienstleistungen vollständig planbar. Zu jedem Zeitpunkt würde der Summe der individuellen Nachfragen ein adäquates Angebot gegenüberstehen. Die Erfahrungen mit der Planwirtschaft der ehemaligen sozialistischen Staaten sowie theoretische Überlegungen zeigen jedoch, dass die für einen derartigen Planungsprozess notwendigen Informationen nicht zur Verfügung stehen können, weil beispielsweise der spontane Wechsel individueller Präferenzen zu nicht voraussagbaren Zeitpunkten die Erhebung einer belastbaren Datenbasis unmöglich macht. Trotzdem wird in planungsorientierten Modellen versucht, wenn schon nicht vollständig, so doch in möglichst großem Umfang genau die Güter und Dienstleistungen bereitzustellen, die von einem bestimmten Klientel vermeintlich nachgefragt werden. Erfolgen die Planungen vor dem Hintergrund eines Menschenbildes, in dessen Mittelpunkt ein entscheidungsfreies, mündiges und selbstbestimmtes Individuum steht, wie dies in westlich geprägten Ländern der Fall ist, müssen auch dessen individuellen Präferenzen beachtet werden. Daher werden die Güter und Dienstleistungen, die vermeintlich nachgefragt werden, in einem Umfang erstellt, der dem theoretischen Bedarf nahekommt, wenn alle potenziellen Nachfrager plötzlich das konkrete Gut oder die konkrete Dienstleistung tatsächlich nachfragen. Erfolgt diese Art vorsorglicher Produktion, werden zur Erstellung entweder öffentliche Gelder in bedeutendem Umfang benötigt, die den Individuen vorher vorenthalten oder über Steuern entzogen wurden. In jedem Fall wird die Verwirklichung von individuellen Präferenzen eingeschränkt, was dem Menschenbild des selbstbestimmten Individuums widerspricht. Darüber hinaus werden natürliche Ressourcen für Produkte oder Dienstleistungen verschwendet, die auf Grund einer potenziellen Nachfrage erstellt, dann aber nicht tatsächlich nachgefragt werden.

In planungsorientierten Modellen, die individuelle Präferenzen vollständig ignorieren, werden dem Individuum Kontingente von Gütern und Dienstleistungen zur Verfügung gestellt, individuelle Präferenzen und Wahlhandlungen dagegen nicht ermöglicht. Die so bereitgestellten Güter und Dienstleistungen können zufällig den individuellen Bedürfnissen eines Individuums entsprechen, d.h. das Individuum hätte in freier Entscheidung diese Güter und Dienstleistungen ebenfalls gewählt. Viel wahrscheinlicher ist jedoch, dass die bereitgestellten Güter und Dienstleistungen den individuellen Bedürfnissen nicht entsprechen, sie jedoch aus Mangel an Alternativen dennoch konsumiert werden. Die Produzenten solcher Güter und Dienstleistungen müssen so den Eindruck gewinnen, dass die bereitgestellten Leistungen genau den Bedürfnissen der Individuen entsprechen, was ihnen die Möglichkeit gibt, das dem Koordinationsprozess ursprünglich zu Grunde liegende Menschenbild des unfreien, in seinen Entscheidungen einzuschränkenden, weil zu individuellem Glück unfähigen Menschen zu verbrämen.

Demgegenüber wird die Koordination von Angebot und Nachfrage auf vollständigen Märkten über den Preis der nachgefragten Ware gelöst. Je knapper das Gut, desto höher der Preis, desto größer aber auch der Anreiz für die Produzenten, die in starkem Maße nachgefragten Güter in größerem Umfang zu produzieren. Mit Recht könnte eingewandt werden, dass die Koordination über Märkte weniger gut ausgestattete Nachfrager von der Konsumtion knapper Güter oder Dienstleistungen auch ausschließen kann, während in der Sozialwirtschaft gerade solche Güter und Dienstleistungen eine wichtige Rolle spielen, die unabhängig von der individuellen ökonomischen Nachfragekraft auf Grund ethischer und moralischer Maßstäbe verfügbar sein sollten.

Unabhängig davon, ob diese Maßstäbe als Resultate der Übereinkunft zwischen Menschen und Menschengruppen oder mit Bezug auf überindividuelle Grundsätze, wie sie beispielsweise jeder Religion eigen sind, begründet werden, müssen diese Güter und Dienstleistungen erzeugt werden. Zu ihrer Erzeugung ist der Einsatz betrieblicher Elementarfaktoren und dispositiver Faktoren (vgl. dazu Wöhe, 1990, S. 91ff.) notwendig. Die zur Erstellung der Güter und Dienstleistungen notwendigen Werkstoffe, Betriebsmittel, menschliche Arbeitsleistung sowie die Steuerung des Leistungserstellungsprozesses können freiwillig bereitgestellt oder öffentlich finanziert werden.

Werden die Güter und Dienstleistungen freiwillig, beispielsweise über Spenden und ehrenamtliche Arbeit, bereitgestellt, so bleibt das oben diskutierte Problem der Koordination von Angebot und Nachfrage weiter offen. So wichtig freiwillig bereitgestellte Leistungen beispielsweise für bedürftige Menschen auch sind, es ist nicht garantiert, dass diese Leistungen den individuellen Präferenzen der Bedürftigen entsprechen. Wäre der Marktwert des Gutes oder der Dienstleistung dem Individuum als Tauschwert zugeflossen, hätte es sich ebenfalls für das nun zur Verfügung gestellte Gut oder die zur Verfügung gestellte Dienstleistung entschieden? Argumente, dass beispielsweise alkoholkranke Menschen die so erlangten Tauschwerte in Alkoholkonsum umsetzen und deshalb andere Leistungen als diejenigen, die diese Menschen nachfragen würden, bereitgestellt werden müssen, sind zwar nachvollziehbar und unter gesundheitlichem Aspekt auch richtig, vor dem Hintergrund eines Menschenbildes, das den entscheidungsfreien Menschen in den Mittelpunkt stellt, jedoch problematisch. Die zu führende Debatte bzw. das Dogma hätte als Kern die Frage zu beantworten, wann Menschen vor sich selbst zu schützen sind, oder anders gewendet, wie weit die individuelle Freiheit des Einzelnen sich selbst gegenüber reicht.

Die öffentliche Finanzierung der Güter und Dienstleistungen, die unabhängig von der ökonomischen Nachfragekraft des Einzelnen für jeden verfügbar sein sollen, führt in den im Kapitel 2.2.3 diskutierten Aushandlungsprozess, welche Güter und Dienstleistungen auf diese Art und Weise bereitgestellt werden sollen und welche nicht. Die strukturelle Benachteiligung der Individuen bzw. Gruppen, die sich in diesem Aushandlungsprozess, dem ein Verteilungskonflikt vorausgeht, nicht genügend Gehör verschaffen können, führte zum Konzept der Anwaltschaft („advocacy"). Hier tritt eine Gruppe, die über genügend Ressourcen verfügt, Verteilungskonflikte für sich zu entscheiden, freiwillig im Namen der unterprivilegierten Gruppe, der Humanität oder eines Gerechtigkeitsprinzips für die vermeintlichen Interessen der unterprivilegierten Gruppe ein. In Deutschland wird das Konzept der Anwaltschaft seit den 80er Jahren des vorigen Jahrhunderts stark kritisiert. Insbesondere Selbsthilfegruppen und Betroffenenverbände werfen den Wohlfahrtsverbänden vor, sozial Benachteiligte ohne Mandat zu vertreten. Die Wohlfahrtsverbände ihrerseits leiteten die Berechtigung der Anwaltschaft aus ihrem faktischen Monopol für soziale Dienstleistungen und ihrem eigenen Selbstverständnis ab. Letztlich tritt im Konflikt um das Konzept der Anwaltschaft wieder die nicht gelöste Koordination zwischen Angebot und Nachfrage zu Tage, sodass als Zwischenfazit festgehalten werden kann, dass es keine plausiblen Argumente bzw. empirischen Belege dafür gibt, dass der Sozialwirtschaft in ihrer ursprünglichen Form die Orientierung an den Bedürfnissen der Menschen besser gelungen sei als dies einer ökonomisch orientierten Sozialwirtschaft gelingt oder gelingen wird.

Die zweite zentrale Implikation der Kritiker einer Ökonomisierung der Sozialwirtschaft betraf die Bedeutung ökonomischer Gegebenheiten für die ursprüngliche Form der Sozialwirtschaft. Hier wird oft nahegelegt, dass die Sozialwirtschaft in ihrer ursprünglichen Form nahezu ohne Rücksicht auf ökonomische Gegebenheiten agieren konnte. Dies ist jedoch nicht so. Als wesentliche Gründe können genannt werden:

A) DIE IN DER SOZIALWIRTSCHAFT ERSTELLTEN GÜTER UND DIENSTLEISTUNGEN SIND WIRTSCHAFTSGÜTER.

Auch die Güter und Dienstleistungen der ursprünglichen, der ökonomischen Handlungslogik ferneren Sozialwirtschaft, werden aus Werkstoffen, Betriebsmitteln und menschlicher Arbeitsleistung in einem gesteuerten Transformationsprozess zu den gewünschten Gütern oder Dienstleistungen umgestaltet. Diesem Transformationsprozess stehen nicht unendlich viele Ressourcen zur Verfügung, so dass das MiniMax-Prinzip der Ökonomie gilt, nämlich mit minimalem Aufwand zu einem vorgegebenen Ergebnis bzw. mit gegebenem Aufwand zu einem maximalen Ergebnis zu gelangen.

B) DIE URSACHEN, DIE ZUR HERSTELLUNG VON SOZIALEN GÜTERN UND DIENSTLEISTUNGEN ZWINGEN, SIND OFT ÖKONOMISCH BEGRÜNDET, DIE HERSTELLUNG SOZIALER GÜTER UND DIENSTLEISTUNGEN HAT ÖKONOMISCHE FOLGEN.

Die von der Sozialwirtschaft bereitgestellten Güter und Dienstleistungen zielen zu einem bedeutenden Teil auf Menschen, die, aus welchem Grund auch immer, über nicht genügend ökonomische Nachfrage verfügen. D.h. die Ursache des Nachteils dieser Menschen gegenüber anderen Menschen liegt in der ungleichen Verteilung ökonomischer Macht. Eine Umverteilung von Gütern und Dienstleistungen durch die Herstellung sozialer Güter und Dienstleistungen verändert die ökonomische Nachfragestruktur innerhalb einer Gruppe von Menschen.

c) Die Ressourcen einer vermeintlich nichtökonomischen Sozialwirtschaft sind ökonomischer Natur.

Oftmals wird auf die Möglichkeit verwiesen, soziale Güter und Dienstleistungen solidarisch, d.h. entgeltfrei und auf der Grundlage von Spenden zu erstellen. Auch die Spende in Form von eigener Arbeitsleistung, Geld oder Ausgangsstoffen zur Erstellung der konkreten sozialen Leistung ist in einen ökonomischen Kontext eingebunden. „Solidarität ist eine knappe und endliche Ressource" (Dettling, 2002, S. 290).

Unsere drei Argumente zusammenfassend kann daher gesagt werden, dass soziale und ökonomische Handlungslogiken keine Gegensätze, sondern zwei Seiten derselben Medaille sind.

Und im Sozialmarketing? Soll dort den Menschen nicht etwas verkauft werden, was sie eigentlich gar nicht brauchen? Wir haben versucht, deutlich zu machen, dass die Werteorientierung, die nicht bilanzfähigen Überzeugungen, gerade in der Sozialwirtschaft ein hohes Differenzierungsmerkmal und ein Ressourcenpool zur Erlangung ökonomischer Vorteile darstellt. Diesen Wettbewerbsvorteil gezielt einzusetzen und auszubauen, gelingt nur mit Rückgriff auf die Erkenntnisse der Marketingtheorie und der Adaptation der marketingrelevanten Erfahrungen aus anderen Branchen. Wer einwendet, dass Menschen dadurch beeinflusst oder gar manipuliert werden könnten, argumentiert nicht vor dem Hintergrund unseres Menschenbildes, nämlich dem der mündigen, handlungsfreien, selbstbestimmten und solidarischen Persönlichkeit.

8. ZUSAMMENFASSUNG UND RESÜMEE

Im Sozialmarketing stoßen scheinbar unüberwindliche Gegensätze aufeinander: Soziale Probleme treffen auf betriebswirtschaftliche, das Profit- auf das Nonprofitmanagement und das rationale Kalkül auf Emotionen. Ohne soziale Organisationen wie Krankenhäuser, Pflegedienste, Einrichtungen für Menschen mit Behinderungen, Jugendhäuser, Selbsthilfegruppen, Sportvereine und Kindertagesstätten, ohne Umweltschutz und Entwicklungshilfe ist unsere Gesellschaft nicht denkbar. Die von diesen und anderen Institutionen erstellten sozialen Güter prägen unseren Alltag, sind Gegenstand politischer Diskussionen und zwingen uns, Stellung zu beziehen zu den Problemen unserer Zeit. In den sozialen Gütern, die wir als Gesellschaft, aber auch als einzelner Bürger bereitstellen, materialisieren sich unsere Werte und Normen. Die Ersteller der sozialen Güter und Dienstleistungen vollbringen täglich den Spagat zwischen Zuwendung, Nächstenliebe und Verantwortung einerseits und ökonomischem Nutzenskalkül andererseits.

In den Ausführungen der Kapitel 1 bis 7 werden diese Gegensätze als zwei Seiten einer Medaille charakterisiert und diskutiert. Ohne die Beachtung ökonomischer Prämissen können langfristig keine sozialen Güter und Dienstleistungen bereitgestellt werden, ohne den sozialen Kern dieser Güter entfalten sie keinen ökonomischen

Nutzen. Unter Verwendung zahlreicher Praxisbeispiele aus Non-Profit-Unternehmen werden zunächst die Besonderheiten sozialer Güter und Dienstleistungen herausgearbeitet. Die Betrachtungen zu den Koordinationsmechanismen, die die Erstellung sozialer Güter und Dienstleistungen ermöglichen, führen zu einer Reihe spezifischer Koordinationsprobleme. Mögliche Lösungsansätze werden unter Rückgriff auf etablierte ökonomische Theorien erläutert.

Basierend auf der Marketingtheorie, insbesondere dem Dienstleistungsmarketing, erfolgt die Beschreibung der Grundlagen des Sozialmarketings. Die Besonderheiten sozialer Güter (speziell die Immaterialität, der Einbezug des Kunden in die Dienstleistung und die Leistungsfähigkeit des Anbieters) begründen die Besonderheiten des Sozialmarketings sowie die Implikationen für das konkrete Marketinghandeln.

Anhand zahlreicher Beispiele wird veranschaulicht, auf welche Analyseinstrumente strategisches Sozialmarketing zurückgreifen kann. Dabei wird zunächst auf klassische strategische Marketinginstrumente eingegangen, ihre Zweckdienlichkeit für das Sozialmarketing überprüft und ggf. Anpassungen vorgenommen. Im operativen Sozialmarketing wurden Instrumente und Verfahren vorgestellt, die sich als kurz- bzw. mittelfristige Marketingmaßnahmen einsetzen lassen.

Als Resümee kann festgehalten werden: Je besser es gelingt, die unterschiedlichen Anforderungen an eine soziale Organisation unter einer strategischen Ausrichtung zu formieren, desto besser kann sich diese Organisation am Markt behaupten. Dies kann vor allem dann gelingen, wenn auch die operativen Instrumente und Elemente zielgenau abgestimmt sind. Je strikter also die Schaffung (sozial-)marketingkonformer organisatorischer Einheiten bzw. die systematische Steuerung von Marketingprozessen gelingt, desto besser behaupten sich Non-Profit-Organisationen sowohl im gesellschaftlichen Alltag als auch gegenüber profitorientieren Unternehmen.

LITERATURVERZEICHNIS

Aristoteles (1907): Metaphysik. Jena.

Arnold, U. (2002): Sozialwirtschaften in der Zukunft – Verbindung von Sozialverpflichtung und Markt? In: Maelicke, B. (Hrsg.): Strategische Unternehmensentwicklung in der Sozialwirtschaft. Baden-Baden, S. 39-45.

Barnes, J.G. (1989): The role of Internal Marketing. If the Staff won´t Buy it, Why Should the Customer? In: Irish Marketing Review, Vol. 4, No. 2, S. 11-21.

Barney, J. B. (2002): Gaining and Sustaining Competitive Advantage. Reading. Menlo Park u.a.

Bayón, T. (2001): Prinzipal-Agenten-Theorie. In: Diller, H. (Hrsg.): Vahlens großes Marketinglexikon. München, S. 1384-1385.

Becker, J. (1998): Marketing-Konzeption. München.

Behrends, S. (2001): Neue Politische Ökonomie. München.

Beilmann, M. (1995): Sozialmarketing und Kommunikation. Neuwied/Kriftel/Berlin.

Birzele, H.-J. (2003): Hochschulsponsoring als Instrument des Hochschulmarketing. In: Ernenputsch, M./Birzele, H.-J./Atai, S./Juszczak, J.: Hochschulsponsoring: Ergebnisse einer empirischen Untersuchung. Schriftenreihe des Fachbereichs Wirtschaft, Sankt Augustin, S. 1-13.

Birzele, H.-J. (2006): Interne Stakeholder als bedeutender Faktor des Sozialmarketing. In: Ruckh, M.R./Noll, C./Bornholdt, M. (Hrsg.): Sozialmarketing als Stakeholder-Management. Grundlagen und Perspektiven für ein beziehungsorientiertes Management von Nonprofit-Organisationen. Bern, S. 41-51.

Böcker, F./Diller, H. (2001): Portfolio-Analyse. In: Diller, H. (Hrsg.): Vahlens großes Marketinglexikon. München, S. 1273-1274.

Brockhoff, K. (2001): Positionierung. In: Diller, H. (Hrsg.): Vahlens großes Marketinglexikon. München, S. 1275-1276.

Bruhn, M. (1997): Kommunikationspolitik. München.

Bruhn, M. (2002): Sponsoring. Wiesbaden.

Bruhn, M. (2004): Marketing. Grundlagen für Studium und Praxis, 7. Aufl., Wiesbaden.

Bruhn, M. (2005): Marketing für Nonprofit-Organisationen. Grundlagen – Konzepte – Instrumente. Stuttgart.

Bruhn, M./Tilmes, J. (1994): Social Marketing. Stuttgart.

Bundeszentrale für politische Bildung (1992): Grundgesetz für die Bundesrepublik Deutschland. Bonn.

Busse, T./Riehle, M.E. (2003): Qualitätsmanagement in der Pflege. Frankfurt/M.

Calaminus, G. (1994): Netzwerkansätze im Business-to-Business Marketing.

In: Kleinaltenkamp, M./Schubert, K. (Hrsg.): Netzwerkansätze im Business-to-Business Marketing. Wiesbaden, S. 93-124.

Coleman, J. S. (1994): Grundlagen der Sozialtheorie. Oldenbourg.

Corsten, H. (1998): Grundlagen der Wettbewerbsstrategie. Stuttgart/Leipzig.

Cowell, D.W. (1984): The Marketing of Services. London.

Dettling, W. (2002): Chancen und Risiken der Kommerzialisierung. In: Maelicke, B. (Hrsg.): Strategische Unternehmensentwicklung in der Sozialwirtschaft. Baden-Baden, S. 279-292.

Deutsches Institut für Normung e.V. (2000): EN ISO 9000:2000 Qualitätsmanagementsysteme. Grundlagen und Begriffe. Berlin. (a)

Deutsches Institut für Normung e.V. (2000): EN ISO 9001:2000 Qualitätsmanagementsysteme – Anforderungen. Berlin. (b)

Deutsches Institut für Normung e.V. (2000): EN ISO 9004:2000 Qualitätsmanagementsysteme – Leitfaden zur Leistungsverbesserung. Berlin. (c)

Diller, H. (2001a): Beziehungsmarketing. In: Diller, H. (Hrsg.): Vahlens großes Marketinglexikon. München, S. 163-171.

Diller, H. (2001b): Distributionspolitik, Distributions-Mix. In: Diller, H. (Hrsg.): Vahlens großes Marketinglexikon. München, S. 327-328.

Dixit, A.K./Nalebuff, B.J. (1997): Spieltheorie für Einsteiger. Stuttgart.

Eckardstein, D. von/Zauner, A. (2002): Veränderungsmanagement in NPOs. In: Badelt, C.: (Hrsg.): Handbuch der Nonprofit-Organisation. Strukturen und Management, 3. Aufl., Stuttgart, S. 547-570.

Emrich, E. (2006): Sportwissenschaft zwischen Autonomie und außerwissenschaftlichen Impulsen. In: Sportwissenschaft 2/2006, S. 151-170.

Engelhardt, H.D. (2001) Total Quality Management. Augsburg.

Etzioni, A. (1973): The Third Sector and Domestic Missions. Public Administration Review, 33, S. 314-323.

Falk, R. (2000): Betriebliches Bildungsmanagement. Köln.

Fill, C. (2001): Marketing-Kommunikation. München.

Fischer, M. (2001): Produktlebenszyklus, Lebenszyklus. In: Diller, H. (Hrsg.): Vahlens großes Marketinglexikon. München, S. 1407-1408.

Fischer, W. (2000): Sozialmarketing für Non-Profit-Organisationen. Zürich.

Freter, H. (2004): Marketing. München.

Frieling, H. (2006): Editorial. Marienhaus Echo, (1/2006), S. 3.

Gabler CD-ROM (2001): Gabler Wirtschaftslexikon. CD-ROM, Stichwort Subsidiarität. Wiesbaden.

George, S./Weimerskirch, A. (1998): Total Quality Management. New York.

Grams, W. (2000): Sozialarbeit als Ware oder: Das Soziale zu Markte tragen. In: U. Wilken (Hrsg.), Soziale Arbeit zwischen Ethik und Ökonomie. Freiburg, S. 77-98.

Grilz, W. (1998): Qualitätssicherung in Bildungsstätten. Neuwied/Kriftel/Berlin.

Güth, W. (1999): Spieltheorie und ökonomische (Bei)Spiele. Berlin.

Haibach, M. (1998): Handbuch Fundraising: Spenden, Sponsoring, Stiftungen in der Praxis. Frankfurt/M./New York.

Hegel, G.W.F. (1979): Werke. Frankfurt/M.

Heinemann, K. (2004): Sportorganisationen. Schorndorf.

Henkel, M. (2002): Sozialpolitik in Deutschland und Europa. Erfurt. Landeszentrale für politische Bildung Thüringen.

Hentze, J. (1989): Personalplanung. In: Strutz, H. (Hrsg.): Handbuch Personalmarketing. Wiesbaden, S. 503-518.

Hermanns, A./Glogger, A. (1998): Management des Hochschulsponsorings. Neuwied/Kriftel/Berlin.

Holler, M./Illing, G. (2003): Einführung in die Spieltheorie. Berlin.

Hungenberg, H. (2004): Strategisches Management in Unternehmen. Wiesbaden.

Jost, P. (2001a): Die Spieltheorie im Unternehmenskontext. In: Jost, P. (Hrsg.): Die Spieltheorie in der Betriebswirtschaftslehre. Stuttgart, S. 9 bis 41.

Jost, P. (2001b). Theoretische Grundlagen der Spieltheorie. In: P. Jost (Hrsg.): Die Spieltheorie in der Betriebswirtschaftslehre (S. 43 bis 78). Stuttgart.

Kaas, K.P. (2001): Marketing-Mix. In: Diller, H. (Hrsg.): Vahlens großes Marketinglexikon. München, S. 1002-1006.

Kant, I. (1977): Werke in zwölf Bänden. Frankfurt/M.

Kirsch, G. (2004) Neue Politische Ökonomie. Stuttgart.

Knorr, F./Scheibe-Jaeger, A. (2002): Volkswirtschaftliche und betriebswirtschaftliche Grundlagen für die soziale Arbeit. Frankfurt/M.

Korte, J. (1995): Strategisches Management in einem Sozialleistungsunternehmen. In: Sierke, B.R.A./Albe, F.: Branchenübergreifende Faktoren. Wiesbaden, S. 175-191.

Kotler, P. (1978): Marketing für Nonprofit-Organisationen. Stuttgart.

Kotler, P. (1989): Marketing-Management. Stuttgart.

Kotler, P./Bliemel, F. (2001): Marketing Management. Stuttgart, 10. Aufl.

Kotler, P./Armstrong, G./Saunders, J./Wong, V. (2003): Grundlagen des Marketing. München: Pearson Education Deutschland.

Kotler, P./Roberto, E./Lee, N. (2002): Social Marketing. Improving the quality of live. London/New Delhi.

Kotler, P./Armstrong, G./Saunders, J./Wong, V. (1999): Grundlagen des Marketing. München.

Krzeminski, M./Neck, C. (1994): Praxis des Social Marketing. Frankfurt/M.

Küpper, H.-U. (2001): Controlling. Konzeption, Aufgaben und Instrumente. 3. Aufl., Stuttgart.

Lücking, J./Haas, A. (2001): Stärken-Schwächen-Analyse, Ressourcenanalyse. In: Diller, H. (Hrsg.): Vahlens großes Marketinglexikon. München, S. 1606-1607.

Lücking, J. (2001): Wertkette. In: Diller, H. (Hrsg.): Vahlens großes Marketinglexikon. München, S. 1899-1900.

Luthe, D. (1997): Sozialmarketing. In: Fachlexikon der sozialen Arbeit, hrsg. vom Deutschen Verein für öffentliche und private Fürsorge. Frankfurt/M., 4. Aufl.

Maelicke, B. (2003): Grundlagen des Managements in der Sozialwirtschaft. In: Arnold, U./Maelicke, B. (Hrsg.): Lehrbuch der Sozialwirtschaft. Baden-Baden, S. 437-453.

Magrath, A.J. (1986): When Marketing Services, 4 Ps Are Not Enough. Business Horizons. May-June 1986, S. 44-50.

Meffert, H./Bruhn, M. (2003): Dienstleistungsmarketing. Wiesbaden.

Meffert, H. (2000): Marketing. Grundlagen marktorientierter Unternehmensführung. Konzepte – Instrumente – Praxisbeispiele, 9. Aufl., Wiesbaden.

Merchel, J. (2001): Sozialmanagement. Münster.

Merchel, J. (2004): Qualitätsmanagement in der sozialen Arbeit. Weinheim.

Meyer, A./Davidson, H. (2001): Offensives Marketing. Freiburg.

Neumärker, K. J. B. (2003): Die politische Ökonomie der privaten Bereitstellung öffentlicher Güter. Frankfurt/M./Berlin/Bern/Bruxelles/New York/Wien.

Nieschlag, R./Dichtl, E./Hörschgen, H. (2002): Marketing. Berlin.

Nozick, R. (1979): Anarchie, Staat, Utopia. München.

Olsen, M. (1965): The Logic of Collective Action. Cambridge.

Pepels, W. (1995): Einführung in das Dienstleistungsmarketing. München.

Peterander, F./Arnold, R. (2004): Qualitätsmanagement in sozialen Einrichtungen. München.

Pflaum, D./Eisenmann, H./Linxweiler, R. (2000): Verkaufsförderung. Landsberg/Lech.

Porter, M. (1999): Wettbewerbsvorteile. Frankfurt/M.

Posselt, T. (2001): Marketing. In: Jost, P. (Hrsg.): Die Spieltheorie in der Betriebswirtschaftslehre. Stuttgart, S. 255-286.

Poth, L./Poth, G. (1999): Marketing-Begriffe von A-Z. Wiesbaden.

Prinz, A./Steenge, A./Vogel, A. (2001): Neue Institutionenökonomik: Anwendungen auf Religion, Banken und Fußball. Münster.

Raffée, H. (1976): Perspektiven des nichtkommerziellen Marketing. In: Zeitschrift für betriebswirtschaftliche Forschung. 28. Jg., S. 61 ff.

Raffée, H./ Fritz, W./Weidmann, K. (1994): Marketing für öffentliche Betriebe. Stuttgart.

Ramme, I. (2004): Marketing. Stuttgart.

Rawls, J. (1972): A Theory of Justice. Oxford.

Richter, R./Furubotn, E.G. (2003): Neue Institutionenökonomik. Tübingen.

Samuelson, P. A./Nordhaus, W. D. (1987): Volkswirtschaftslehre. Grundlagen der Makro- und Mikroökonomie, Band 2. Köln.

Scheibe-Jaeger, A. (2002): Modernes Sozialmarketing. Regensburg/Berlin.

Schmidt-Grunert, M. (1996): Die ‚BWL-isierung' als Hoffnungsträger der Sozialen Arbeit: Eine unangemessene und unrealistische Einschätzung des ‚gesellschaftlichen Ansehens' der Sozialen Arbeit. Sozialmagazin, 21 (4), S. 30-44.

Schober, K. (2001): Organisationskultur. In: Diller, H. (Hrsg.): Vahlens großes Marketinglexikon, 2. Aufl., München, S. 1234.

Schubert, K. (1994): Netzwerke und Netzwerkansätze. Leistungen und Grenzen eines sozialwissenschaftlichen Konzepts. In: Kleinaltenkamp, M./Schubert, K. (Hrsg.): Netzwerkansätze im Business-to-Business Marketing, Wiesbaden, S. 8-49.

Skiera, B./Wiswede, G./Diller, H. (2001): Yield-Management. In: Diller, H. (Hrsg.): Vahlens großes Marketinglexikon. München, S. 1921-1923.

Smith, A. (2005): Untersuchung über Wesen und Ursache des Reichtums der Völker. Tübingen.

Söllner, A. (2001): Kundenbindung. In: Diller, H. (Hrsg.): Vahlens großes Marketinglexikon, 2. Aufl., München, S. 847-849.

Stauss, B. (2000): Internes Marketing als personalorientierte Qualitätspolitik. In: Bruhn, H./Stauss, B. (Hrsg.): Dienstleistungsqualität. Konzepte – Methoden – Erfahrungen, 3. Aufl. Wiesbaden, S. 203-222.

Sydow, J. (1992): Strategische Netzwerke. Evolution und Organisation. Wiesbaden.

Sydow, J. (2000): Management von Dienstleistungen – Kundenintegration in organisations- und netzwerktheoretischer Perspektive. In: F. Witt (Hrsg.): Unternehmung und Informationsgesellschaft. Wiesbaden, S. 21-33.

Tarlatt, A. (2001): Implementierung von Strategien in Unternehmen. Wiesbaden.

Wendt, R. (2003): Sozialwirtschaft – eine Systematik. Baden-Baden.

Wöhe, G. (1990): Einführung in die Allgemeine Betriebswirtschaftslehre. München.

Zeithaml, V.A./Parasuraman, A./Berry, L.L. (1992): Qualitätsservice. Frankfurt/M.

Zimmer, A./Nährlich, S. (2003): Zur volkswirtschaftlichen Bedeutung der Sozialwirtschaft. In Arnold, U./Maelicke, B. (Hrsg.): Lehrbuch der Sozialwirtschaft. Baden-Baden, S. 64-80.

Zink, K.J. (1995): TQM als integratives Managementkonzept. München/Wien.